Desafiando
La Ignorancia

Desafiando La Ignorancia

Biografía del Doctor Alfonso Lacayo Sánchez
Primer Médico Garífuna de Honduras

Gloria Marina Lacayo

Número de Control de la Biblioteca del Congreso: 2010941322
ISBN: Tapa Blanda   978-1-6176-4362-0
          Libro Electrónico   978-1-6176-4363-7

Para ordenar copias adicionales de este libro, contactar:
Palibrio
1-877-407-5847
www.Palibrio.com
ordenes@palibrio.com
324724

Índice

Dedicatoria 7

PREFACIO 9

CAPÍTULO I
Sobre la Cultura Garífuna 11
¿Como era el Vestuario? 14
Los Antepasados del Doctor Alfonso Lacayo Sánchez 18

CAPITULO II
Nacimiento e Infancia del Doctor Alfonso Lacayo Sanchez. ... 20

CAPITULO III
Su Adolescencia y Esfuerzo Propio por Superarse 27

CAPITULO IV
Su Contribución a la Educación en la
Comunidad de Limón, Departamento de Colón 40

CAPITULO V
Su Ingreso a la Universidad Nacional Autónoma
de Honduras y sus Luchas Estudiantiles 44

CAPITULO VI
Su Participación en el Mejoramiento de la Salud y
Condiciones de Vida en la Comunidad
Garífuna de Limón 61

CAPITULO VII 76

El doctor Alfonso Lacayo Sánchez, es lanzado
Pre-candidato a Diputado por el
Departamento de Colón 76

CAPITULO VIII

El Doctor Lacayo Es encarcelado
por haber participado en Politica. 80

CAPITULO IX

El doctor Lacayo se ve Obligado a Salir de
Limón Para Preservar su Vida 89

CAPITULO X

El doctor Lacayo se Traslada a la Pintoresca y
Acogedora Ciudadde San Marcos de Colón,
Departamento de Choluteca 92

CAPITULO XI

El Doctor Lacayo se Traslada a la Ciudad de La Ceiba 99

CAPITULO XII

Homenajes Póstumos en Memoria del
Doctor Alfonso Lacayo Sánchez 107

Dedicatoria

Dedico esta biografía:

1. Al Divino Creador del Universo, quien con su gran poder, hace posible hasta lo inconcebible.

2. A la memoria de aquel hombre de fé, el Doctor Alfonso Lacayo Sánchez, quien rompió las barreras de los prejuicios sociales, raciales y culturales de su época, para lograr sus objetivos de superación en la vida.

3. A todos nuestros antepasados que fueron deportados de San Vicente o Yurumei, a estas tierras Centroamericanas, quienes en su afán de conservar sus costumbres y antes de aceptar ser esclavizados, prefirieron que los expulsaran de sus territorios. Esa tenacidad y fé le sirvió al Doctor Alfonso Lacayo, para luchar hasta el final de su vida.

4. A nuestros queridos familiares y amistades que siempre están para alentarnos y apoyarnos en el momento oportuno.

5. A Todos los maestros que tuvo el Doctor Alfonso Lacayo Sánchez, desde la niñez, hasta culminar sus estudios universitarios; especialmente a sus abuelos paternos, quienes al orientarlo en el seno de su hogar, se constituyeron en sus primeros maestros.

6. Al Instituto Salesiano San Miguel de Tegucigalpa, por ser una de las instituciones que lo apoyaron, para hacer sus sueños realidad, donde las aspiraciones de su fundador San Juan Bosco de ayudar a jóvenes con grandes sueños, pero de escasos recursos, se materializaron en las metas de superación que se trazo el Doctor Lacayo.

7. A todos sus compañeros de aula y compañeros de lucha,

8. Al pueblo hondureño en general y a nuestra comunidad garífuna en particular.

PREFACIO

Cada persona en su trayectoria en la vida, demuestra según la inclinación que ella tenga, su sensibilidad humana, en la medida de como se proyecta hacía los demás y demuestre con hechos esa preocupación por el bien común; en ese escenario de acciones tiene un sitial de honor el Dr. Alfonso Lacayo Sánchez, un líder que con su ejemplo de esfuerzo continuado, sin desmayar un instante, y sin apoyo directo de nadie, demostró a lo largo del tiempo, su inquebrantable valor moral y su férrea voluntad por alcanzar el lugar que la propia naturaleza le tenia reservado. Un liderazgo nato, bien orientado.

Así fue como un buen día renunciando a las limitaciones que le rodeaban se trasladó a la ciudad capital Tegucigalpa y a cambio de su trabajo en el Instituto Salesiano San Miguel, se graduó de Bachiller en Ciencias y Letras, para después ingresar a la Universidad Nacional Autónoma de Honduras y posteriormente culminar sus estudios de medicina en el año de 1962.

Este fue un grito histórico en la medicina nacional al incorporar por primera vez a su registro profesional al Primer Médico Garífuna de Honduras su ejemplar espíritu de lucha y su liderazgo, han servido de inspiración a la juventud de aspiraciones futuristas.

Las autoridades del ramo le permitieron realizar su servicio social en su pueblo Limón en el Departamento de Colón; en donde puso inmediatamente su plan piloto de desarrollo comunal en acción, lo que provocó hasta cierto punto, la reacción negativa de las autoridades oscurantistas de entonces.

Ese plan tuvo un efecto positivo porque Limón y los diferentes Municipios del Departamento de Colón, experimentaron una notable mejoría en lo que a salud se refiere y también en el aspecto

9

económico. No está de más decir que el Dr. Lacayo en su ejercicio de su profesión, figuró entre los mejores médicos de Honduras.

De hecho la publicación de la obra "Desafiando la Ignorancia" de su hija la profesora Gloria Lacayo Sambulá, en honor de la memoria del galeno, marca la imperecedera historia de la vida de un hombre humilde, luchador incansable, quien permanecerá en el recuerdo de su pueblo que lo admira y aun llora su partida sin retorno.

Teófilo Lacayo Ramos

CAPÍTULO I

Sobre la Cultura Garífuna

La Cultura Garífuna de la cual el Doctor Alfonso Lacayo Sánchez era miembro, y a la vez fiel defensor de la preservación de la misma, lucho por darla a conocer bajo el lema, "Vamos a garifunizar Honduras y vamos a garifunizar el mundo".

La cuna de nuestra cultura fue la Isla de San Vicente, o Yurumei, situada en las Antillas Menores, al norte de Venezuela; habitada por indios Caribes quienes se mezclaron con los Africanos que huían de la esclavitud a que se les había sometido en las distintas plantaciones, refugiándose en la Isla de San Vicente lugar que llenaba las condiciones que ellos necesitaban para vivir en paz.

Los Africanos eran originarios de Gana, Nigeria, Senegal, Guinea, Costa de Marfil, Togo, Camerún, Congo y Angola.

De acuerdo con las investigaciones del Dr. Pierre Beaucage y Marcel Sanson la mayoría de los refugiados eran hombres, que tomaron por esposas a las indias caribes rojas, mientras que los africanos que llegaron después, pudieron casarse con muchachas ya mestizas, aumentando asi el porcentaje de sangre africana en las futuras generaciones.

Asi se explica la penetración reciproca de dos pueblos, teniendo como resultado la dominación cultural del indio caribe pero la predominación física y sicológica del tipo negroide.

Este hecho histórico fundamental, esta fusión de dos pueblos dio a la cultura Garífuna resultante su carácter propio; los bailes, los ritos, el idioma, es el mismo que practicaban entre los antiguos caribes.

Los europeos (franceses e ingleses) al descubrir los beneficios que podían lograr de la Isla de San Vicente, después de intensas luchas, a pesar de la tenacidad del líder Jose Satuye,(Joseph Chatoyer) quien lucho hasta la muerte por defender su pueblo, los ingleses lograron su objetivo, deportando aproximadamente cinco mil Garífunas hacia Honduras.

Cuando analizo esta situación, llego a la conclusión de que ese hecho contribuye a la preservación de la Cultura Garífuna, porque según me he informado los Garífunas que quedaron en San Vicente, en su mayoría fueron sometidos; adoptando la cultura inglesa, sin embargo los descendientes de los deportados a Centroamérica, aun conservamos nuestra lengua y costumbres; vendremos entonces a constituir la semilla que se encargara de garifunizar Yurumei o San Vicente.

Después de la deportación, los garífunas se expandieron a lo largo de la costa norte de Honduras, Guatemala, Belice y Nicaragua, aunque en este ultimo país, están a punto de perderse las costumbres; sin embargo hay un grupo de jóvenes que están luchando por aprender de nuevo las danzas, platos típicos y la lengua, porque en la zona que viven los Garífunas hay otras culturas, como el caso de los Misquitos y se interrelacionan bastante, trayendo confusión entre las nuevas generaciones.

Las comunidades garífunas tenían como fuente de subsistencia el cultivo de la yuca, coco, plátano, mazapán, algunos arboles frutales como la naranja, limón, mango, caimito, mokincap, nance, uvas de mar icacos camacamos, yuyugas, almendras y la pesca.

Por haberse mantenido un tanto aislada del resto de la población, tanto geográfica como socialmente, la comunidad Garífuna tenia su propia fuente de vida, es decir que eran bastante independientes, aprovechando sabiamente los recursos naturales existentes.

Para el caso los hombres descombraban y preparaban el terreno y las mujeres se encargaban de cultivarlos, de ahí mismo sacaban el material(madera, paja, mimbre etc) para construir su casa y elaborar algunos utensilios, tales como embarcaciones, morteros, bateas rayadores de coco y de yuca, valijas para ir a la escuela y para viajar, rival para lavar la ropa y en un tiempo, hasta los platos los hacían de madera.

El mimbre lo tejían, haciendo el ruguma, que sirve para colar la yuca con el fin de extraerle el ácido cianhídrico, como parte del proceso de la elaboración del casabe, también del mimbre hacían coladores pequeños para colar coco y grandes (jibice) para cernir la yuca antes de hornear el casabe.

Del mismo material hacían valijas, (yamadi) las cuales llevaban otro material que se llama gasibu, con el cual flotaban en caso de naufragio pudiendo rescatarlas con mayor facilidad, pues el medió de transporte mas utilizado, eran las embarcaciones, primero de vela y luego de motor. También del mimbre hacían canastas y gadaure, que era una especie de cargador que se colocaba en la espalda para trasladar carga de un lugar a otro, pero dejaron de usarlo porque les resultaba incomodo.

¿Como era el Vestuario?

Mis informantes coinciden que los niños usaban túnicas largas, generalmente de manta, las llamaban "Agami" y para ir a la escuela les confeccionaban pantalones de tirantes cruzados por la espalda; las modistas que confeccionaban ese tipo de pantalones, para escolares en Limón eran Pantaleona Sambulá e Inés Róchez.

El agami lo seguían usando en casa hasta los doce años que era la edad en que se trasladaban a la ciudad a trabajar, y asi compraban sus pantalones y camisas. En cambio las niñas usaban vestidos paletoneados con fajón atrás y las jóvenes y señoras para ir al campo de labranza tenían un traje de dos piezas, consistente en una bata o "gounu" y una falda de azulón paletoneada sobre el gounu.

Para los domingos y días de fiesta usaban un vestido llamado "Valeria" con adornos muy peculiares en la blusa, unida a una falda paletoneada.

El jabón, el aceite, la sal eran elaborados en la comunidad para el caso el jabón lo hacían con aceite de coco y sebo, sacaban lejía de la ceniza y le agregaban perfume para hacer jabón de baño. Del agua de mar hacían la sal, cocinándola en barriles por largas horas y el aceite lo sacaban del coco, después de rayarlo, lo mezclaban con agua, luego lo exprimían, la leche que sacaban la cocinaban hasta convertirse en aceite.

Los Garífunas salen de sus comunidades en busca de mejores condiciones de vida, algunos emigran hacia las ciudades mas importantes de los países donde viven y otros hacia los Estados Unidos de Norteamérica, Canada y Europa; especialmente en España, Dinamarca, Holanda e Italia.

Contamos ya con un buen número de Garífunas que han logrado coronar carreras a nivel de secundaria, otros han obtenido títulos universitarios al igual que el Doctor Lacayo; otros se han destacado en los deportes, representando dignamente a nuestro pais en encuentros internacionales y algunos, por lo menos aprenden un oficio que les permite trabajar para enfrentar los problemas del diario vivir.

Vale la pena mencionar la participacion de garifunas en la Casa Blanca de los Estados Unidos de Norteamerica. El primero de Apellido Ordoñes, quien sirvió de Guardia Ceremonial, bajo la administracion del Presidente Ronald Reagan, y el otro de apellido

Lacayo quien de Febrero a Mayo del 2009, participó en la elabora-Cion del presupuesto bajo la administracion del Presidente Barac Obama.

Tambien tengo informacion de Garifunas que participaron en la Segunda Guerra Mundial, porque trabajaban en los barcos que Llevavan viveres y municiones de America a Europa, algunos Aparecen en la lista de Veteranos de Los Estados Unidos de Norteameica.

Actualmente algunas organizaciones como ODECO, ISERI LIDAWAMARI, OFRANEH, CID, ENLACE DE MUJERES,COMITÉ DE EMERGENCIA GARÍFUNA y OTROS GRUPOS, están luchando por llevar el desarrollo a nuestras comunidades, la preservación de las tierras ancestrales y por supuesto mejorar las condiciones de vida de sus habitantes y contra la discriminación racial, este fue uno de los sueños del Doctor Alfonso Lacayo Sánchez.

Actualmente la religiosa Garífuna Sor Leonarda Martínez Lalín esta tratando de fundar una ciudad para niños huérfanos del SIDA, porque desafortunadamente ese flagelo que ha enlutado tantos hogares en el mundo, ha hecho estragos también en las comunidades Garífunas, a pesar de los esfuerzos que se hacen para educar y tomar medidas preventivas.

Sor Leonarda cuenta con el apoyo de algunos profesionales Garífunas, Misioneros Norteamericanos,(quienes pronto Construiran en Limon, Honduras, el Edificio que albergara a esos niños)otros organismos internacionales y del gobierno de Honduras.

El Garífuna por medio de la danza, la música y la pintura, ha traspasado las fronteras centroamericanas; para el caso el ballet Garífuna dirigido por Armando Crisanto, ha hecho presentaciones en Estados Unidos, Canadá y Europa. El grupo musical Garífuna Kids ha visitado México, Guatemala y muchas ciudades importantes de los Estados Unidos de Norte América. El Solista Justo Castro, ha actuado en Italia, México y Estados Unidos, Aurelio Martínez quien llevo nuestra música al Japón. También tenemos a Jimmy Suazó, (Q.D.D.G) Eduardo Ballesteros, el grupo Ubou. Mientras que en la pintura se han destacado el Señor Genaro Centeno de Livingston, Guatemala (G.D.D.G.) Vilo López deTrujillo, Cruz y Gilberto Bermúdez de Tela, Pablo Martínez (Lirau mua)(Q.D.D.G.) de Corozal y una joven de apellido Thomas quien hizo una exposición en Canadá el año 2001.

Muchos de los datos históricos relacionados con la cultura Garífuna, los obtuve de la tesis del Doctor en Antropología Pear

Beaucage, quien al visitarlo en Montreal, Canadá en 1995, me manifestó que la idea de escoger como tema para su tesis La Etnohistoria Garífuna, surgió de su relación con el Doctor Lacayo en 1963, cuando la Universidad de Quebec lo envió a el acompañado del también estudiante Jacob Godbert a realizar estudios socioeconómicos para la Universidad Nacional Autónoma de Honduras, por solicitud del departamento de Investigaciones Económicas y Sociales, cuyo Director era el Licenciado Virgilio Carias.

Al arribar estos jóvenes a Tegucigalpa, les dieron instrucciones de cómo llegar a la aldea de la Flor, cerca de un pueblo llamado Rio Abajo, en las inmediaciones de Tegucigalpa D.C; donde efectuarían el primer estudio socioeconómico, para investigar la causa del mal funcionamiento de unas cooperativas que se habían constituido allí, en unos terrenos que para conseguirlos les tomo treinta años de lucha.

En una semana tenían el trabajo terminado; asi fue que a su regreso a Tegucigalpa con el informe, les notificaron que desde Limón, en el departamento de Colón, el Doctor Alfonso Lacayo había solicitado un estudio socioeconómico sobre esa comunidad, donde el prestaba su servicio social, pero que el lugar era de difícil acceso y bastante aislado del resto de la población, ellos aceptaron.

Viajaron acompañados del Licenciado Arturo Euceda, al llegar a La Ceiba, abordaron una embarcación de motor que los condujo hasta Limón, al llegar inmediatamente buscaron al Doctor Alfonso Lacayo Sánchez, quien los llevo a dar un recorrido por el pueblo, visitando a los comerciantes (Arcángel Martínez, Mateo Ramos, Jaime Guerrero, Prudencio Ventura, Juan Santos y Vicente Ruiz), luego los condujo a la casa del Profesor Teófilo Lacayo Ramos donde fueron alojados, los alimentos se los proporcionaba la esposa del Doctor Lacayo, la señora Isabel Fonseca de Lacayo.

Un día el Doctor Lacayo les comento que el tenía curiosidad de conocer sobre la historia de su cultura, porque con frecuencia a su mente venían muchas interrogantes al respecto tales como: ¿por qué nuestra lengua y costumbres son diferentes al resto de la población? ¿de donde venimos? ¿cómo llegamos a Honduras?, entonces Pierre le prometió que a su regreso a Canadá investigaría en los archivos de la Universidad, algo relacionado con nuestra cultura y asi lo hizo, y en vista de que encontró muchos datos interesantes, escritos por Sacerdotes Misioneros, que estuvieron evangelizando en la Isla de

San Vicente, en los siglos XVI y XVII, tomo la decisión de profundizar y basar su tesis sobre el tema, para lo cual regreso a Honduras al año siguiente, acompañado de su esposa Elena Beaucage, del también estudiante Marcel Sanson y Clara Sansón esposa de este último; entrevistaron en diferentes comunidades Garífunas a los ancianos que aún manejaban información sobre la deportación, pues los grupos familiares tenían la costumbre de reunirse por las tardes frente a sus casas, donde los mayores le contaban la historia a los menores, de esa manera se difundian los datos de generación en generación. Ya con esos datos el Dr. Beaucage viajó a Inglaterra a buscar más información en los archivos para poder concluir su trabajo. Luego le envió una copia al Doctor Lacayo, quien mando a imprimir un pequeño libro que se publicó y vendió en Honduras.

LOS ANTEPASADOS DEL DOCTOR
ALFONSO LACAYO SÁNCHEZ

El doctor Alfonso Lacayo Sánchez, descendía de personas muy audaces y trabajadoras, algunos eran pequeños empresarios. Su abuelo materno el Señor Paulino Sánchez, era de Belice y trabajaba como escribiente de la empresa bananera Standard Fruit Company en La Ceiba.

El Señor Martín Lacayo, (alias Okro) fue uno de los fundadores de Santa Rosa de Aguán, era dueño de un bote de vela en el cual transportaba carga y pasajeros desde Santa Rosa de Aguán hasta Belice y algunas veces viajaban al Gran Cayman. Constituía una empresa familiar con sus hijos Braulio (abuelo del profesor Teofilo Lacayo) Anacleto (abuelo del doctor Lacayo) y su hija Amanimu quienes eran sus marineros.

Los hijos de Anacleto Lacayo fueron Clemente Evangelista, Macaria, Victoriano, Eulogio, Leocadio (en Limón)Eustaquia y Leocadio (en Punta Piedra).

Las únicas que lograron ver la luz del nuevo milenio, fueron Macaria y Eustaquia. Macaria en San Pedro Sula murió a mediados del 2002 y Eustaquia murió a los 92 años en septiembre del 2004 en Punta Piedra.

La historia se repite con relación a las empresas familiares porque el Doctor Lacayo tenia su clínica privada y sus empleados eran su esposa Isabel, como enfermera, sus sobrinas Gloria e Iveth Salmerón, como recepcionistas; sus hijos Fabio Como contador, Werner, Mauner, Lombardo y Lenín como secretarios y Gloria Marina (su servidora) como laboratorista.

Una de las hermanas del Doctor Lacayo, la Odontóloga Justa Lacayo de García, trabajó con su esposo Oscar quien es mecánico dental y su hija Dinora, Odontóloga.

También el Doctor Mauner Lacayo en La Ceiba, esta asociado con su esposa Cecilia Lacayo quien es enfermera profesional y sus hermanas La Doctora en Microbiologia Indira Lacayo como Laboratorista, Rixa Matilde Lacayo y Jessica Lacayo trabajaron temporalmente como recepcionistas.-

La Doctora en Farmacia Norma Lacayo de Rodriguez, con su esposo el Ingeniero David Rodriguez, tienen una empresa Constructora la cual administran con sus hijos Abner, David, Heber y Norma Maria.

Nuestros antepasados nos heredaron ese patrimonio de constituir pequeñas empresas familiares.

Uno de nuestros antepasados que sobresalió en la carrera militar, fué el Coronel Lorenzo Lacayo, a quien le dieron el rango de Coronel por su participacion en varias guerras civiles.

El apellido Lacayo, lo obtuvo Martín Lacayo y dos de sus hermanos del padrino; aún en el siglo XIX, era costumbre que los padrinos le dieran el apellido a sus ahijados, fue asi que Victoriano Sambulá, quien fue nombrado alla por 1860, Gobernador de Iriona,(cuya jurisdiccion abarcaba el Departa- mento de Gracias a Dios, Colon, Parte de Atlantida y parte de Yoro), conoció a un señor de Apellido Lacayo de Nicaragua quien le bautizó tres hijos, ellos eran Martín,Cruz y Próspero, los cuales automáticamente dejaron de ser de apellido Sambulá y adoptaron el apellido Lacayo de su padrino, el cual aún conservamos.

CAPITULO II

Nacimiento e Infancia del
Doctor Alfonso Lacayo Sanchez.

EL DOCTOR A LFONSO L ACAYO S ÁNCHEZ, NACIÓ EN LA CIUDAD PUERTO de La Ceiba, Atlántida, Honduras C.A. el 2 de agosto de 1923.

Los padres del doctor Alfonso Lacayo Sánchez fueron, Clemencio Lacayo Arriola nacido en Santa Rosa de Aguán, Departamento de Colón y María Luisa Sánchez Caballero de la Comunidad Garífuna de Corozal en el departamento de Atlántida. Honduras.

Según información proporcionada por las señoras Cantalicia y Guadalupe Barrios, el nacimiento del doctor Lacayo, estuvo acompañada de conflictos familiares; la madre de él asistía a una escuela privada para recibir clases de inglés y piano cerca del lugar donde trabajaba Clemencio, quien desde el primer instante que la vió, la pretendió, hasta lograr su propósito de conquistarla, por algún tiempo mantuvieron una relación muy secreta hasta que ella quedó embarazada.

Cuando el padre de María Luisa se entero de su embarazo, la castigo severamente, obligándola a abandonar la casa, pues para él era una vergüenza lo que había sucedido, máxime en ese tiempo, cuando los prejuicios sociales relacionados al estado civil de la mujer estaban bien marcados, sobre todo el señor Sánchez se sintió defraudado por su hija, porque el había planeado mandarla a estudiar a los Estados Unidos para que ella aprovechara las oportunidades que la compañía proporcionaba a los hijos de empleados, para ir a prepararse a aquella prospera nación.

Clemencio tenia 21 años de edad y trabajaba como jardinero y cocinero del Italiano John Michelli, quien era el Presidente de la Standard Fruit Company; ante tal situación Clemencio tomo su responsabilidad de padre, en vista de que el vivía en el trabajo, no podía llevarla allí, pero le encontró alojamiento donde su prima Silberia Lacayo(alias Silby), quien vivía en la calle del Hospital Vicente Dantony, cerca de la Escuela Episcopal, permaneció en ese lugar durante el embarazo y fue allí donde nació el Doctor Alfonso Lacayo Sánchez.

Cuando el niño cumplió ocho meses su padre (Clemencio) Le recomendó a Maria Luisa que se trasladara a Limón. sin embargo ella no quiso alejarse con el niño sin antes llevarlo a Corozal, para que lo conocieran sus familiars.

En esos días que permanecieron en Corozal, se encontraba el niño Alfonso durmiendo en una hamaca, en ese momento pasaron unos militares tratando de matar un perro con rabia y cuando le dispararon al perro, el animal salió corriendo y la bala paso rosando sobre la hamaca donde se encontraba el niño; el estruendo lo despertó, y lloraba muy nervioso, les costo consolarlo pero gracias a Dios estaba ileso.

Después de ese incidente, María Luisa y Alfonso continuaron su viaje hacia Limón, tomando el tren, en esos días (1924) era el medio de transporte más utilizado en la Costa Norte de Honduras. La estación de tren más próxima a Limón, estaba ubicada en la aldea de Limoncito, fue allí donde sus abuelos paternos Anacleto Lacayo y Trinidad Arriola, con sus tíos Eulogio, Evangelista, Leocadio y Macaria fueron a esperarlos y entre todos se turnaban para cargarlo hasta llegar al pueblo.

Desafortunadamente la madre de Alfonso quien apenas contaba con quince años, no pudo adaptarse al sistema de vida que se llevaba en esa época en nuestras comunidades, ya que ella estaba acostumbrada a la vida de la ciudad; entonces le mando a decir a sus padres que la perdonaran, que ella quería regresar a casa; su padre el Señor Paulino Sánchez le mando a decir que la aceptaba, pero sin el niño; ella estuvo de acuerdo con la idea de independizarse con el tiempo y regresar a buscarlo, fue asi que el niño Alfonso Lacayo

Sánchez, se separo de su madre cuando apenas contaba con dos años, quedando al cuidado de sus abuelos paternos, tíos y una niñera que su abuela mando a buscar a Santa Rosa de Aguan, llamada María Bernárdez, ella después fue compositora de música Garífuna, incluso en 1963 compuso canciones de punta en honor al doctor Alfonso Lacayo Sánchez.

Pero aquí cabe la interrogante, ¿cómo era el sistema de vida en la comunidad de Limón en 1925? ¿Qué fue lo que hizo que María Luisa Sánchez no pudiera adaptarse y apartarse de su hijo?

Afortunadamente logre entrevistar a la señora Lorenza Bernárdez quien contaba en ese tiempo con siete años y en el año 2000 que la entreviste´ a sus ochenta y dos años todavía cocinaba, limpiaba su patio con azadón, lavaba su ropa, sembraba yuca, horneaba casabe y dedicaba tiempo para sus nietos y bisnietos falleció en el 2006 a los 88 años.

Mi entrevistada me narró que hombres, mujeres y niños mayores de nueve años, se levantaban a las dos de la mañana para ir a los campos de labranza, porque vivían de la tierra y de los productos del mar, por consiguiente cada familia para poder sobrevivir tenia que trabajar duro; además que se mantenían aislados del resto de la población y cada familia trataba de producir para su sustento; del exterior solo traían la ropa, o compraban telas porque las madres les enseñaban a sus hijas a costurar vestidos, camisas, ropa interior, sábanas uniendo pedazos de manta, pabellones para protegerse de los mosquitos, muy pocas familias podían comprar maquinas de cocer, en su mayoría lo hacían a mano.

El agua la obtenían de pozos ubicados en ciertas áreas, las jovencitas tenían que permanecer allí por mucho tiempo hasta que el pozo se llenara y esperar su turno y así abastecerse de agua; si alguien llegaba directamente al pozo a sacar agua sin respetar el turno de los demás, se armaban grandes riñas, desde insultos hasta la agresión física. Cada familia tenia sus aves de corral y cría de cerdos, unos pocos que tenían ganado vacuno, abastecían al pueblo de leche y carne.

Por no habérsele preparado a la madre del Doctor Lacayo para llevar una vida tan independiente aunque sacrificada, no pudo permanecer mucho tiempo entre sus suegros y cuñados, algunas veces cuando intentaba ir a los campos de labranza, como no estaba acostumbrada a llevar carga en la espalda, se caía con frecuencia, por lo que era objeto de burla de sus acompañantes.

A medida que el niño fue creciendo, sus abuelos le enseñaban a trabajar, desempeñaba tareas que estaban al alcance de un niño de tres, cuatro, cinco, seis y siete años; tales como regar los arboles frutales, cuidar las aves de corral limpiar el patio, hacer mandados y acompañarlos a los campos de labranza.

El quería mucho a sus abuelos, aunque disfrutaba mas de la compañía de su abuelo, porque era bastante sereno y paciente, al contrario la abuela era muy estricta.—El contaba que una vez lo mando a traer agua de mar y le dio una olla casi nueva, desafortunadamente, el mar estaba agitado y cuando intento llenarla de agua de mar, una ola le arrebato la olla y no pudo rescatarla, muy preocupado regreso a informarle a su abuela lo sucedido y ella lo castigo fuertemente atribuyendo el hecho a negligencia de su parte.

En sus primeros años de vida, Alfonso era muy enfermizo, padecía de paludismo, parásitos intestinales y anemia. Cuando no iba a los campos de cultivo con sus abuelos, amanecía en un gran patio cultivado de arboles frutales, lo que hacia era buscar algo que comer, por lo(general un pedazo de casabe con pescado) y cumplir con sus tareas de rutina, luego se dedicaba a su entretenimiento favorito, que consistía en cazar pájaros, tortugas, lagartijas e iguanas, las alimentaba y el mismo le confeccionaba las jaulas; utilizó un cayuco viejo que había en el patio para hacer una cría de peces.

En vista de que sus abuelos lo sobreprotegían, no desarrollo algunas de las habilidades que tenían los otros niños del pueblo, como subir cocoteros y la natación le costo mucho aprenderla, fue por eso que una vez estuvo a punto de ahogarse, afortunadamente un amigo suyo que se llamaba Claudio Alvarez lo rescató.

Su tía Evangelista Lacayo se expresaba de el asi: "Alfonso fue siempre un niño curioso, le gustaba preguntar sobre todo lo que lo rodeaba", ella era la madre de su primo Ponciano Lacayo Rocha, a quien consideraba como su hermano menor.

María Luisa Sánchez Caballero, la madre de Alfonso, extrañaba mucho a su único hijo, por lo que se independizó de sus padres y cuando el tenia cinco años, ella regreso a Limón con la idea de trasladarlo a La Ceiba y hacerse cargo de el, pero su viaje fue en vano, porque su hijo ya no la reconocía, la trato como a una extraña y huyendo de ella, se refugiaba tras las faldas de su abuela a quien le preguntaba que quien era esa señora, su madre le ofrecía juguetes para acercársele pero no funciono la idea, además sus abuelos Anacleto

Lacayo y Trinidad Arriola se oponían a su traslado a La Ceiba, por lo que en medio de una fiebre que le había atacado, salieron con el a pie por la playa hacia Santa Rosa de Aguan, donde permanecieron con el niño, hasta que se informaron que su madre había regresado a La Ceiba. En 1929, cuando el tenia seis años, hubo una epidemia de viruela en la comunidad y por supuesto el fue atacado por esa enfermedad; muchos de sus amigos perdieron la vida.

Cada vez que se llevaban a cabo ceremonias religiosas propias de la cultura Garífuna, como el dügü y el chugu, el participaba con sus abuelos y algunas veces les tocaba viajar a las comunidades vecinas, era obligatorio que se presentaran todos los familiares y eso contribuía a mantener la unidad y para conocer los nuevos miembros de la familia.

Entró a la escuela primaria cuando tenia ocho años de edad y su primer maestro fue el Profesor Celestino Flores.- Además de inteligente, Alfonso fue muy aplicado y aproximadamente en dos meses aprendió a leer y escribir, esa destreza le ayudó a ganarse la confianza del maestro quien le designo la tarea de enseñarle a sus compañeros.

En la clase de gramática era bastante observador, cualidad que le permitió analizar oraciones en primer grado y en ciertas ocasiones corregía a los de segundo grado.

Siempre que atacaban las epidemias en el pueblo, algo que sucedía con frecuencia, tenía que retirarse por una, dos o tres semanas de la escuela y al regresar a clases ya habían muerto varios de sus compañeros, eso le entristecía e intrigado le preguntó a su abuela, que por qué no habían médicos en el pueblo; a lo que su abuela respondió que los medicos no podrian sobrevivir en comunidades pobres como las nuestras. Entonces Alfonso le dijo: "cuando sea grande me voy a hacer medico para venire a curar a mis amigos" y ella simplemente sonrió.

En 1933 entro a segundo grado, pasando con notas sobresalientes.

Por la falta de maestros de la comunidad, algunas veces la escuela permanecía cerrada,porque los maestros eran enviados del interior del país, algunos no se sentían cómodos en el pueblo y simplemente abandonaban la plaza. Eso sucedio en 1934 que cerraron la escuela

En vista de que a Alfonso le gustaba tanto estudiar, a pesar de que ya había pasado segundo grado, sus abuelos lo volvieron a matricular en 1935 en segundo grado de nuevo, porque en la escuela de Limón solo contaba con primero y segundo grado.

En 1936 quedo huérfano de madre, porque María Luisa Sánchez, falleció en La Ceiba; ese mismo año, después de la muerte de su madre Alfonso se trasladó a La Ceiba, acompañado de su tío Leocadio Lacayo.

La compañera de hogar de su padre, era la señora Natividad García ella me brindo la información de que antes de morir la madre de Alfonso, la mando a llamar para recomendarle que si algún día llegaba su hijo Alfonso a su casa, que lo recibiera y lo cuidara como si fuera su propio hijo. Doña Natividad García le prometió cumplir con su último deseo, fue asi que al llegar Alfonso al hogar lo consideró como a un hijo más, siempre tuvieron buenas relaciones, al grado que su padre sentía recelo porque cada vez que el regresaba del trabajo, los encontraba en el patio en amena conversación. Su padre lo matriculó en una escuela privada de las profesoras Marina y Teresa Betancourt. Los primeros meses lo colocaron en primer grado, en vista de que no hablaba muy claro el español, la lengua que dominaba era el Garífuna (nuestra lengua materna), pero poco a poco lo fueron ascendiendo hasta llegar a tercer grado de nuevo en unas pocas semanas.

Las Hermanitas Betancourt acostumbraban colocar a los alumnos mas aplicados adelante y a pesar de la dificultad en el dominio del idioma español, el llego a ocupar los primeros lugares y al igual que en Limón, les ayudaba a sus compañeros en matemáticas y en gramática, porque era experto en analizar oraciones, lo cual despertaba sentimientos de envidia en algunos de sus compañeros. En 1938 concluyó sus estudios primarios, según los programas educativos de ese tiempo la primaria llegaba hasta quinto grado.

Entonces habló con su padre, planteándole sus aspiraciones de continuar sus estudios y algún día llegar a ser medico u odontólogo. Esto provoco la ira de su padre, quien le pregunto, que si el estaba loco, que el era pobre, y que solo los ricos podían estudiar en el colegio y en la Universidad y que por ser el mayor, debía aprender un oficio, para trabajar y ayudarle a mantener a sus hermanos. Entonces su padre hizo arreglos con un amigo de el que tenia taller de carpintería, para que Alfonso asistiera al mismo y aprender el oficio.

Debemos tomar en cuenta que la actitud de Don Clemecio Lacayo estaba influenciada por la mentalidad de esos días, cuando les hacían creer a los grupos menos beneficiados que ningún esfuerzo los podría sacar de la ignorancia y la pobreza.

Por obediencia los primeros meses Alfonso asistió, pero no le gustaba, entonces empezó a faltar, algunas veces en lugar de irse al taller, se iba con sus amigos a bañarse al Rio Cangrejal o a cazar pájaros hasta que llegaba la hora de regresar a casa.- Pero un día su padre decidió ir al taller para ver como estaba progresando en el oficio, se llevo la sorpresa de no encontrarlo y el dueño del taller le informo de su deserción, se puso muy molesto Don Clemencio Lacayo acusando a Alfonso de vago y le ordenó que se fuera de la casa.

CAPITULO III

Su Adolescencia y Esfuerzo
Propio por Superarse

En vista de que su padre lo sacara de la casa, se acordó de dos amigos suyos de Limón, quienes trabajaban en la hacienda de un señor Español llamado Lalo Bertot. Luego Alfonso se dirigió a la hacienda y busco a sus amigos Sixto Valentín y Simón Reyes, quienes al escuchar su historia, le ofrecieron apoyarlo, recomendándolo al señor Bertot para que trabajara en la hacienda.—Después de plantearle sus inquietudes y hablarle de su situación, el Señor Bertot le dió trabajo.

Empezó a trabajar donde la familia Bertot, en junio de 1939, cuando tenia 16 años, y su trabajo consistía en vender leche.—Muy temprano salía de la hacienda de casa en casa descalzo, porque sólo tenía un par de zapatos y los usaba los domingos para ir a pasear. Ganaba seis lempiras al mes, seguramente ese era el salario mínimo en ese tiempo.

Alfonso decía que Don Lalo Bertot lo trataba como a un hijo, lo acompañaba en sus actividades del campo y solían ir juntos a pescar lagartos con carne de pisote de carnada. Al año siguiente la producción en la hacienda disminuyó y lo despidieron temporalmente del trabajo, al igual que a su compañero Simón Reyes.

El 23 de diciembre de 1940, andaba buscando trabajo con su amigo Simón Reyes y mientras caminaba por una de las calles de barrio Ingles, unos muchachos tiraron cohetes, lo que estaba prohibido en esos días, porque las ciudades se encontraban en estado de sitio. Como los hechores se escondieron, la policía pensó que habían sido Simón Reyes y Alfonso Lacayo los que tiraron los cohetes e injustamente los arrestaron llevándolos a la cárcel y por más que explicaron que se trataba de un error y que ellos andaban buscando trabajo y no provocando escándalo público, no los quisieron escuchar.—Entonces el le mando mensaje a su madre de crianza la señora Natividad García, quien se presento de inmediato, le cobraron una multa de Lps. 5.00 (cinco Lempiras) y ella la pagó sacándolos de la cárcel el 25 de diciembre.

Después de ese incidente, se fué para Tela, para tratar de conseguir trabajo, pero no resultó nada, entonces fue a la aldea de San Juan, donde vivía su abuela materna, la señora Faustina Caballero de Sánchez y su tío Siriaco Sánchez Caballero quien era el único hermano que tenia su finada madre; paso unos días con ellos y a mediados de enero, regresó a La Ceiba y en ese mismo mes lo llamaron a trabajar de nuevo donde la familia Bertot.

El estaba muy agradecido por haber encontrado un techo y trabajo donde la familia Bertot, pero su sueño de llegar a ser un profesional, difícilmente lo alcanzaría si no hacia un esfuerzo para entrar al colegio, por lo que se le ocurrió la idea de aprender a tocar saxofón, para trabajar en una orquesta de noche y los fines de semana, de esa manera matricularse y asistir al colegio de día; cuando el le expuso esa idea al Señor Bertot, el le prometió ayudarle, dándole unas horas por las tardes, para ir a practicar.

Como su padre tenía un saxofón que no estaba usando, le pidió que se lo prestara para practicar, pero aún molesto por el hecho de no haber seguido sus instrucciones de aprender carpintería y trabajar para ayudarle con sus hermanos, su padre se negó rotundamente. Afortunadamente se encontró con un miembro de la orquesta llamado Oliver Garnet a quien le informo de sus planes e inquietudes de superación y ese señor le prestó un saxofón que tenía en casa y le dió clases de música por las tardes, incorporándolo a la orquesta en la que el trabajaba, era la orquesta de un señor Jamaiquino, apellido Thompson.

La esposa del Señor Garnet Mis Albertina Garnet me manifestó que ella sentía una gran admiración por el joven Alfonso Lacayo, porque en ese tiempo era raro encontrar un muchacho con esas aspiraciones, y ella lo apoyaba con palabras de aliento para que siguiera adelante, también algunas veces lo invitaba a comer cuando el llegaba a practicar o a visitar a su esposo; y al pasar los años cuando el ya había coronado su carrera, ella y sus hijos, fueron sus pacientes; porque fue precisamente en una de sus visitas a la clínica del doctor Lacayo donde logré entrevistarla.

Cuando él empezó a trabajar en la orquesta del Señor Thompson, les dió las gracias tanto a sus dos amigos que lo recomendaron, (Simón Reyes y Sixto Valentín) como al Señor Bertot, por haberle tendido la mano en uno de los momentos mas difíciles de su vida, luego se despidió de toda la familia y se fue a alquilar un cuarto y al iniciar el periodo escolar de1942, se matriculó en el Instituto Manuel Bonilla, pero lo que ganaba como músico no le alcanzaba para todos susgastos, entonces consiguió trabajo en el colegio, limpiando las aulas antes de entrar a clases.

Sin embargo no pudo rendir en el colegio, le quedaba muy poco tiempo para estudiar y hacer tareas, además cuando trabajaba de noche se dormía en clases y al ver que estaba sacando muchos aplazados se retiro del colegio y se dedico solamente a trabajar.

Con la orquesta trabajaba desde el jueves por la noche,viernes y sábado también por la noche, y los domingos por las tardes daban concierto en el parque de La Ceiba, además salían a tocar fuera de la ciudad. Un amigo del Doctor Lacayo de Santa Rosa de Aguán llamado Juan Gómez, me manifestó, que el acostumbraba ir los domingos al parque a escuchar la orquesta para entretenerse y lograba ver a su amigo Alfonso tocando saxofón, pudiendo observar que era el más pequeño del grupo.

En una de las giras que hizo con la orquesta a Olanchito, departamento de Yoro, tuvo la oportunidad de platicar con el director del Instituto Francisco J. Mejía, a quien le explicó que quería estudiar, que ya se había matriculado en La Ceiba, pero que el horario de trabajo no le había permitido rendir; el director le dijo que se quedara que le iba a ayudar y asi fue que se quedó en esa ciudad por recomendación del director, consiguió trabajo en una orquesta donde solo tocaba los fines de semana y en la municipalidad trabajaba cobrando el agua; asi se matriculó nuevamente para empezar su secundaria.

También Don Otilio Gómez me informó que un grupo de Garífunas de Limón, Tocamacho, Batalla, Cusuna, Punta Piedra y Sangrelaya, colaboraban económicamente con el y una vez al mes cada quien daba cierta cantidad de su sueldo para ayudarle a comprar los libros, algunas veces reunían Lps. 50.00, Lps. 60.00 y hasta Lps. 80.00, en ese tiempo era una buena cantidad de dinero. Entre los contribuyentes estaban José Bernárdez (alias Bredaa), Santos Centeno, Otilio Gómez, Julio Castro, Jovito Gonzales, Teofilo Guevara y otros.

Esta vez estaba sacando buenas notas, pero apenas pudo terminar primer curso en 1944, y otro obstáculo se presento en su vida, no estaba bien alimentado y estudiaba mucho, en las fiestas a los músicos les brindaban bebidas alcohólicas y empezó a echarse sus tragos, en fin las condiciones en que vivía no eran las adecuadas para un estudiante y sufrió de depresión al igual de padecer constantemente de fiebres palúdicas, pero ya no se matriculó en el colegio al año siguiente y también se retiro del trabajo.

Ya enfermo y sin dinero, decidió regresar a La Ceiba, con los últimos centavos que le quedaban compró su desayuno y se fue a la estación de tren, pidiéndole al señor que manejaba el tren, que le hiciera el favor de llevarlo a La Ceiba, aunque fuera parado; el conductor del tren se negó, entonces Alfonso con su equipaje al hombro y su saxofón en la mano, caminó a lo largo del ferrocarril hasta que anocheció, en eso vio una humilde casa de unos campesinos se arrimó a la pared por fuera de la casa acomodándose en el suelo se durmió profundamente, hasta las cinco de la mañana lo despertó el dueño de la casa, quien se dirigía al campo a cumplir con su faena diaria; Alfonso le contó la causa de su viaje y porque había utilizado una de las paredes exteriores de su casa para descansar, el campesino conmovido por la historia y como un buen Samaritano, lo acogió, su esposa le dio alimento y el señor saco de su bolsa tres lempiras, le indicó donde estaba la próxima estación para que comprara su pasaje y pudiera continuar su viaje. Lamentablemente, nunca pudo comunicarse más con ellos y olvidó sus nombres, pero en honor a ese acto benévolo, cada vez que encontraba a alguien en dificultades de esa índole, el trataba de ayudarle también.

Llego a La Ceiba con una gran fiebre y regreso a la casa de su familia, su madre de crianza la Señora Natividad García lo recibió, le dio un te de sácate de Limón y una mejoral para la fiebre y sus hermanitos Pablo, Trina y Justa lo abrazaban muy contentos, luego la "Tía Natividad" (como le llamaba cariñosamente) le arreglo la cama y lo mando a descansar. Su padre llego a casa a medianoche, y al verlo lo despertó, ordenándole que se fuera inmediatamente de su casa, que estaba en esa situación, porque era un vago, que el no lo iba a mantener porque no había querido aprender el oficio de carpintería, con el cual, estaría ganando dinero para mantenerse.

Sus hermanos Pablo, Trinidad y Justa llorando le rogaron a su padre que no lo sacara de la casa, pero Alfonso asi enfermo, tomo su equipaje y sin contestar una palabra se fue, escuchando a sus hermanas quienes llorando repetían "no te vayas Foncho, no te vayas". Camino hasta llegar al parquet que esta próximo a la iglesia la Milagrosa.

Aun recuerdo que con frecuencia al salir de su clínica, pasábamos por ese parque y el me decía, "cuando estaba luchando por estudiar, una noche me tocó dormir en ese parque".

Siguiendo con la historia, al llegar al parque buscó una banca, puso el saxofón a un lado y su equipaje lo usó como almohada y se durmió.—Estaba profundamente dormido, cuando vino un policía y lo levanto, diciéndole que era prohibido dormir en el parque, como todavía estaba oscuro porque eran aproximadamente las cuatro de la mañana no tuvo otra alternativa que caminar despacio con su equipaje por las calles hasta que amaneció.

En cuanto aclaro se fue donde su tía Magdalena Lacayo de Sosa, quien le dio albergue por unos días; como ella tenía negocio (pulpería), el le ayudaba a vender. Cuando su madre de crianza (Doña Natividad García) se informó que había encontrado el apoyo de su tía Magdalena, ella lo fue a buscar en los momentos en que su padre andaba trabajando, lo llevo a recibir tratamiento con el Dr. Laffite,hasta que se recuperó, de las fiebres palúdicas; ella le cubria todos los gastos.

Después de recuperarse consiguió trabajo en una orquesta donde también tocaban sus amigos y compadres :Simeón Castro Rivas y Braulio Guerrero viajaban a diferentes lugares a tocar, (Trujillo, Santa Fe, Tela, Triunfo de la Cruz, San Juan, Iriona, Sangrelaya, etc.) Siendo músico, conoció a la señora Emiliana Jaime, con quien procreo a su primera hija, la Profesora Marta Lacayo Jaime, quien nació en Santa Fe en 1943; es decir que a los 20 años ya era padre de familia, y aún no sabia como hacer para lograr su objetivo primordial que era coronar una carrera universitaria.

Pero la orquesta en la que trabajaba se desintegró,entonces se fué a los campos bananeros donde su tío Eulogio Lacayo, quien le ayudó con un poco de dinero.

Regreso a La Ceiba, trabajo en el muelle unos meses cargando bananos de los trenes a los barcos, en ese tiempo muchos conocidos de el habían emigrado a los Estados Unidos de Norte América, y algunos le escribían contándole de su solvencia económica, un día estuvo a punto también de irse como polizón en un barco ya que había encontrado un buen escondite en el mismo, pero al terminar la jornada mientras esperaba que este zarpara, reflexionó y pensó en su gran deseo de prepararse, se salió del escondite y se fue al muelle, desde allí observó cuando el barco se fue hasta que lo perdió de vista.

A finales de 1945 tomó la determinación de trasladarse a Tegucigalpa, con la fé de que allí se le haría mas fácil estudiar y asi fué; al llegar a Tegucigalpa, se hospedó donde un primo de su madre el señor Julio Caballero, quien era cocinero del Hotel Lincoln. Su tío le presentó a un amigo suyo electricista llamado Francisco Martínez, quien orientó mucho al Doctor Lacayo, dándole la dirección de ciertas instituciones donde lo podrían apoyar para seguir adelante en sus estudios.

Después de recibir las instrucciones del Señor Martínez, fué a la escuela de Bellas Artes, a buscar a un amigo de La Ceiba llamado Edgardo Durón, con quien había compartido las aulas de clase en cuarto y quinto grados en la escuela de las hermanitas Betancourt; ambos redactaron una solicitud de beca y la presentaron al Ministro de Educación Pública quien era el Señor Angel G. Hernández.

Mientras esperaban la respuesta sobre la solicitud de beca, el Señor Martínez, le consiguió empleo en la construcción del Sanatorio Nacional, cargando piedras en la espalda, pero solo trabajo pocos días porque siempre terminaba con dolor de cuerpo.

Luego volvió al Ministerio de Educación por la respuesta sobre la beca, donde le informaron que habían muchas solicitudes anterior a la de ellos y decidió buscar trabajo en los colegios.

Visito el Instituto Central y habló con el director quien era el profesor Abelardo Fortín, ofreciéndose Alfonso a trabajar como conserje en el colegio y a la vez asistir a clases, pero el profesor Fortín le dijo que la plaza de conserje ya estaba cubierta.

Luego visitó el Instituto Gustavo Adolfo Alvarado, la secretaria lo recibió, le dijo que se sentara a esperar al director; estuvo aproximadamente hora y media y ni el director ni la secretaria aparecieron.

Sin perder mas tiempo se fue al Instituto Salesiano San Miguel, donde lo recibió con mucha amabilidad el Padre Laureano Ruiz, quien al escuchar sus inquietudes le aconsejó que no se cansara de visitar la institucion, hasta que lograra entrevistarse con el director, quien en ese entonces era el Padre Mario Morera.

Al regresar al día siguiente logró entrevistarse con el Padre Morera, quien le dijo que ese era la clase de jóvenes que ellos apoyaban, de inmediato lo aceptó en el colegio como uno de los encargados del aseo, sin sueldo, pero con el derecho de estudiar.

Se fue muy contento por esa puerta que se le había abierto y ese mismo día, le agradeció a su tío Julio Caballero por el alojamiento que le había brindado hasta entonces, recogió sus pertenencias y se traslado a vivir al internado del Instituto San Miguel.

Se levantaba a las cinco de la mañana, después de cambiarse, barría y sacudía los pupitres y algunas veces trabajaba también como portero y a las ocho de la mañana, estaba con sus compañeros en el aula de clase.

En el Instituto San Miguel, no solo encontró el trabajo adecuado para estudiar, pero también un ambiente tranquilo y un grupo de compañeros que lo apoyaban y trataban con afecto, al igual que todos los sacerdotes y maestros.

Compartía aulas con los siguientes compañeros: Jesús Aguilar Cerrato, Roberto Avilés, Ricardo Bendeck, Mario Cardona, Auerbach Michael, Rene Antonio Leiva, Cristobal Nuñez, Roberto Rivera, Julio Zamora, Francisco León Gómez, Sahug Yu, José Moreira, Enrique Chinchilla, Cesar A. Villafranca, Edmundo Bogran, Medardo Zuniga, Benjamin Pavón, Jorge Campos, Wisdimiro Kestembaum, Elpidio Tijerino, Rene Hernandez, Medardo Rodríguez y Vicente Diorio. También se conocieron en el colegio con Jorge Arturo Reina, Ramón Custodio y dos compañeros Garífunas de Trujillo, Hipolito Laboriel y Eusebio (Teófilo Martinez), quienes estaban en cursos superiores.

Al finalizar el año escolar, le ofrecieron mandarlo de vacaciones a La Ceiba, como premio a su aplicación al estudio y su buen comportamiento, pero el estaba tan agradecido con ellos, que no aceptó, sino que se quedó ayudándoles a pintar los pupitres, como una forma de recompensar el apoyo que le estaban brindando.

Cuando estaba en tercer curso, al descubrir sus aptitudes en la música, los sacerdotes lo incorporaron a la banda del Instituto y como no tenia dinero para comprar el uniformede la banda, sus compañeros reunieron entre todos el valor del uniforme, se lo compraron sin que él se diera cuenta, fué sorpresa para él que dos días antes del desfile de las fiestas patrias los compañeros le entregaran el uniforme a su medida y asi pudo desfilar tocando trompeta.

Como sus compañeros conocían las condiciones en las cuales el se encontraba, trataban de ayudarle, su compañero Jesús Aguilar Cerrato, le regaló una buena cantidad de libros.

En las vacaciones de ese año, trabajó con un señor de apellido Paguada, en construcción, para reunir dinero para sus gastos del año siguiente.

Al terminar su cuarto año un compañero de origen italiano Vicente Diorio, lo invitó a los campos bananeros a trabajar como jefe de cuadrilla, porque su padre era superintendente del lugar y el se lo iba a recomendar y que no se preocupara por alojamiento, porque viviría en la casa de su familia durante estuviera trabajando, Alfonso aceptó, trabajó durante las vacaciones de 1948, antes de regresar a Tegucigalpa, se fue de los campos para Limón a ver a su abuela Trinidad Arriola y a su novia oficial Severiana Gómez Guerrero.

Su abuela se sorprendió al verlo. el le contó de todos los logros que había obtenido hasta entonces y de las dificultades por las que había pasado durante esos doce años que tenían sin verse, habían momentos en que ambos reían momentos en que ambos lloraban, su abuela estaba muy emocionada.

Le explicó a su abuela que había hecho el esfuerzo de ir a verla, porque estaba por graduarse de bachiller, gracias al apoyo de los sacerdotes Salesianos y que probablemente se trasladaría para México a estudiar odontología y no sabia hasta cuando regresaría al pueblo.

Antes que La Truxillo Railroad Company suspendiera sus operaciones en 1937; por haber sido afectadas las plantaciones bananeras de esa zona por "La Sigatoka," el medio de transporte utilizado era el tren, para los habitantes de Limón habia una estacion en Limoncito, pero después que se suspendió el servicio, los limoneños tenían que viajar a pie o en bestia por la playa a Trujillo.

Entonces los miembros de La Sociedad los Hermanos, una de las organizaciones que contaba con Personería Jurídica, integrada por Limoneños interesados en mejorar las condiciones del pueblo; entre los que figuraban los señores Victoriano Manaiza, Pedro Miranda, Lucas Gutierrez, Epifanio Ventura,Victoriano Ruiz,Epifanio

Meléndez,Natividad   Ramos,DionisioCastro,Anselmo   Velásquez, Rosalío   Guerrero,Obispo   Valentín,   Aniceto   Valentín,   Silverio Martínez, Macario Bermúdez, Dionicio Alvarez Mejía, Gregorio Reyes, Felipe Róchez, Gregorio Gonzalez y Felix Gerónimo se reunieron para resolver el problema del transporte.

La Sociedad Los Hermanos tenía una tienda de consumo bien administrada y a la vez, hacían actividades como kermesse y venta de catón (una torta dulce de yuca), así recaudaron cierta cantidad de dinero y fueron a Travesía a comprar una embarcación, la llevaron a Puerto Cortés y de allí fue trasladada a Limón, ya en 1938, el problema del transporte había sido resuelto.

A su regreso invitó a su ex—compañero y amigo Erasmo Mena para que se fuera con el en busca de un mejor futuro en Tegucigalpa, su amigo estuvo de acuerdo.

Después de recibir Alfonso la bendición de su abuela, salieron de Limón por mar en la embarcación de la Sociedad Los Hermanos, Para La Ceiba, pero al llegar a Trujillo hubo un mal tiempo que impidió que la embarcación pudiera continuar a La Ceiba, entonces Alfonso le dijo a su compañero que para no atrasarse, que continuarían a pie y que irían descansando en el camino y al anochecer buscarían una casa donde dormir y asi hicieron.

Se fueron caminando siguiendo la línea del ferrocarril hubo un momento en que ya para llegar a Sambo Creek estaban caminando sobre un puente y ya de noche, vieron la luz de un tren que venía; en vista de que no había espacio donde colocarse mientras pasaba el tren, el Señor Erasmo Mena me manifestó que él se puso muy nervioso y hasta le reclamó a Alfonso que por qué lo había sacado de su casa, para llevarlo a morir atropellado por un tren; pero que Alfonso con toda serenidad le dijo "mira no nos va a atropellar el tren, antes que se acerque coloquémonos lo más pronto posible debajo del mismo, sosteniéndonos fuertemente de los durmientes con los ojos cerrados para no ver el abismo "Don Erasmo me dijo que el llorando y en medio de protestas siguió las instrucciones y cuando el tren paso, afortunadamente ya habían logrado colocarse debajo del puente, que sintieron que el puente temblaba y después continuaron su viaje; llegaron a Corozal a media noche y durmieron donde la tía de Alfonso, la Señora Guadalupe Barrios Caballero, prima de su madre. al día siguiente continuaron su viaje en tren para la Ceiba y después en bus paraTegucigalpa.

El señor Erasmo Mena aprendió el oficio de electricista; trabajó, se casó compro su casa y contribuyo con muchas personas que llegaban de Limón a Tegucigalpa a estudiar, a buscar trabajo o tratamiento médico.

Volviendo a la historia del Dr. Alfonso Lacayo a su regreso a Tegucigalpa, los sacerdotes ya no lo querían recibir en el Instituto San Miguel, porque decían que el era muy frío con la religión; a pesar de que todas las noches participaba en la lectura de la Biblia, desde Génesis al principio del año escolar, hasta Apocalipsis al final del periodo escolar, sin embargo el reconocía que muy pocas veces asistía a misa ni prestaba mucho interés en los asuntos relacionados con la iglesia, porque trataba de aprovechar cualquier tiempo disponible para estudiar y asi evitar que lo aplazaran, todos los años sacaba notas excelentes y aparecía en el cuadro de honor.

Cuando el padre Mario Morera le dijo que no le seguirían apoyando por su indiferencia religiosa, le dijo que estaba profundamente agradecido por haberlo ayudado a llegar al cuarto año y que tenia fé que ese último año lo terminaría de cualquier modo; entonces recogió su equipaje y se fue a buscar al señor Sixto Cacho, porque su tío Pablo se había trasladado a la Costa Norte, pero afortunadamente, cuando le planteó su problema al señor Sixto Cacho; el le dió alojamiento, ofreciéndole ayudarle a conseguir un trabajo de noche aunque de vigilante en algún edificio para que pudiera estudiar de día y asi terminar su bachillerato.

Ya se había iniciado la matricula en el Instituto San Miguel y los compañeros de Alfonso que llegaban a matricularse, preguntaron por él y al enterarse de lo que había sucedió, le pidieron al director del colegio que lo reincorporaran porque querían que su amigo se graduara con ellos, que ellos lo consideraban un apoyo cuando tenían dificultad con alguna tarea el les ayudaba a resolver en forma desinteresada. El Padre Morera aceptó y dos días después lo mando a buscar con un grupo de compañeros, quiénes le ayudaron a cargar su equipaje al colegio.

Ya reinstalado, el padre Mario Morera le manifestó que lo seguirían apoyando, pero en esa ocasión, ya no trabajaría y gozaría de los mismos derechos que los otros alumnos. Antes de su graduación, lo confirmaron a los 26 años teniendo como padrino de confirmación al Ingeniero Civil Santos Flores Arzú originario de Trujillo, también hizo la primera comunión. En su infancia, sus abuelos lo bautizaron en Limón, el nombre de su padrino era Pablo Guerrero.

En 1949 se graduó con notas sobresalientes, Invitó a su amigo Hipolito Laboriel, quien le sirvió de padrino, y a Eusebio Teofilo Martínez, los compañeros le compraron la tela para el traje y los sacerdotes se lo mandaron a confeccionar; sin embargo el había planeado no asistir a la fiesta de graduación, porque con obtener su titulo de bachiler, se sentía más que satisfecho.

Cuando el Instituto Salesiano San Miguel presentó su 19a Promoción de Bachilleres, en las páginas de Honor aparecía Alfonso Lacayo Sánchez.

Como era costumbre que en la memoria del instituto Salesiano San Miguel, apareciera la fotografía y algunos datos sobre los estudiantes que se graduaban, en el espacio que le correspondía al doctor Lacayo decía literalmente.

"Br ALFONSO LACAYO, de Limón departamento de Colón. Sus padres Clemencio Lacayo y doña Luisa Sánchez, estudiara Odontología.'

Lacayo es el joven del esfuerzo. Ha luchado solo; su capacidad y aptitud para superarse no la ha dejado dormir. Es serio en todas sus cosas y a cada cosa le da la debida importancia.

Amante de la lectura y de hacer el bien a quien puede hacerlo.
Un compañero lo retrataba con estas líneas "detrás de un rostro indiferente oculta un cerebro bien equilibrado." Su afán es la superación de sus hermanos de raza."

El hecho de haber sido un buen alumno en la clase de gramática desde sus primeros años escolares, se manifestó en su aptitud para escribir, y en la misma memoria sale un articulo que el escribió como agradecimiento al apoyo recibido en el Instituto San Miguel, que dice asi:

"LOS SALESIANOS DE DON BOSCO,
SU OBRA . . .

La educación es una de las necesidades en el desenvolvimiento de los pueblos y de la civilización. Por esto el individuo o empresa que tenga por objetivo la educación e instrucción de los individuos, merece el apoyo moral y material de los demás.

A través de mis luchas de auto educación he podido constatar la existencia de instituciones que sostienen y practican tal principio. Gracias a una de ellas, la Institución Salesiana de San Juan Bosco, voy escalando un peldaño mas en mis aspiraciones de llegar a ser un hombre útil.

Me refiero al Instituto Salesiano San Miguel, cuya labor en nuestro país habla y se demuestra con elocuencia mediante sus efectivos resultados en todos los campos de nuestra cultura.

Esa efectividad la justifica el hecho de que el San Miguel como colegio privado, y que vive a expensas de la eficacia de sus trabajos, ha desarrollado todas sus energías a fin de superarse cada vez más ya que no dispone ni de subvenciones ni de otros medios de supervivencia, de ahí que fluyan alumnos de todos los puntos del país y de Centroamérica.- Juventud sedienta de instrucción y cristiana formación encuentra en este Instituto la satisfacción de sus nobles ideales. Sus condiciones económicas y sociales no son obstáculo para su admisión. La consignas de los Salesianos de Don Bosco es FORMAR JÓVENES SANOS PARA LA PATRIA Y PARA DIOS De esto último doy testimonio al confesar con sincera gratitud que careciendo de los recursos económicos que exigen los estudios secundarios, el Colegio Salesiano San Miguel me habrió sus puertas, prodigándome no solo de educación, sino que también los medios de adquirirla unida a la instrucción y he tenido la incomparable dicha y suerte de ser alumno interno por cuatro breves años.

Como todos pueden apreciar, este es un bien que perdura; pues todo cuanto podamos proporcionar a nuestros semejantes en el orden puramente material, no esta exento de la existencia efímera de las cosas. Pero ayudar a forjar el espíritu es realizar una obra que trasciende a través del tiempo y de las generaciones.

Con esto cumplen los hijos de Don Bosco los principios y normas de su Santo Padre, quien consagro su vida a la juventud de todas las clases sociales y razas.—Obra fecunda que se agiganta cada día rompiendo todas las barreras, en las grandes ciudades, en los pueblos, en las aldeas y aun en las selvas vírgenes de Sur América y de Africa Central, diseminando los tres grandes objetivos de las acciones humanas: la ciencia, el arte y el bien A nuestro medio que anhela una total evolución le aportaría una inapreciable contribución, la extensión de la Obra Salesiana por todos los ámbitos del país. Los artesanos, los agricultores, intelectuales, constructores de la plataforma en que descansa la estructura económica de los pueblos y naciones, encontrarían en las variadas escuelas salesianas las enseñanzas que despiertan la iniciativa y estimulan el espíritu de empresa.

Esto esta en nuestras manos alumnos, ex-alumnos y hondureños de buena voluntad; dar nuestro apoyo moral y material a la OBRA SALESIANA QUE TANTO HOMBRE HA FORJADO Y FORJA PARA HONDURAS.

Alfonso Lacayo

V Curso"

CAPITULO IV

Su Contribución a la Educación en la Comunidad de Limón, Departamento de Colón

Despues de ese primer esfuerzo, empezo los preparativos para viajar a México, a continuar estudios universitarios, porque le habían hablado de becas que estaban ofreciendo para estudiantes con notas sobresalientes desafortunadamentecuando se presento a la embajada de ese país, para efectuar el examen de admisión, ya era muy tarde y tendría que esperar para el año siguiente.

Entonces el padre Guillermo Chavarria trató de conseguirle un empleo como escribiente en la policía, de manera que pudiera continuar sus estudios universitarios; pero a Alfonso no le pareció la idea de trabajar con esa institución.

Le ofrecieron un trabajo en el Ministerio de Economía, pero tenia que viajar con frecuencia, y eso no le permitiría estudiar.

En vista de que se le dificultaba encontrar un trabajo adecuado en Tegucigalpa, tomo la decisión de irse a trabajar a la Costa Norte para ahorrar un año y regresar a la universidad. Fue asi que se traslado a San Pedro Sula, donde consiguió un trabajo como vigilante en un taller de mecánica del Ferrocarril Nacional, pero sólo trabajo cuatro meses y renunció, porque tuvo choques con el jefe.

Intentó conseguir trabajo en Puerto Cortés, Tela, La Ceiba, pero no encontró, por lo cual se fue para Limón.—A su regreso al pueblo que lo vio crecer, pudo observar que la comunidad estaba sin maestro, además la Escuela Francisco Morazán, donde aprendió las primeras letras, aún continuaba con los mismos dos grados que habían cuando él entró a la escuela en 1932; que eran primero y segundo grados. Para evitar que cerraran la escuela, hizo arreglos para conseguir el nombramiento de maestro, y lo logró.

Cuando empezó a trabajar en la escuela, sólo encontró treinta y siete alumnus matriculados, mientras tanto los que habían terminado segundo grado y que por falta de recursos económicos sus padres no los podían mandar a la ciudad a continuar su primaria, se quedaban en el pueblo sin recibir más educación.

Agregó tercer y cuatro grados a la Escuela Francisco Morazán, aumentando la matricula a doscientos veinticinco alumnos. En vista de que se le haría difícil atender a tantos alumnos, buscó ayuda para que nombraran tres maestros auxiliares, quienes habían sido excelentes alumnos en los años anteriores y además habían entrado varias veces a segundo grado, para refrescar sus conocimientos; ellos eran: La señorita Nolasca Manaiza (alias Nolly), Gonzalo Canelas y Eufemio Sambulá.

Entre sus alumnos estaban Romaldo Manaiza, Mario Lopez, Felipe Manaiza, Benjamin Lacayo, Pedro Sambulá, Isidro Lacayo, Alberto Valentín, Jaime Frederick y otros.

En ese tiempo formó su hogar con Casilda Sambulá, quienes se unieron de acuerdo a la tradición Garífuna, es decir que los padres de ella, y la abuela de el, convocaron un grupo de ancianos para entregársela como compañera y todos los presentes, aconsejaban a la pareja y finalmente tomaban café como parte de la ceremonia.

En julio de 1950, nació su segundo hijo, a quien llamó Eliseo, pero murió de asfixia minutos después de su nacimiento.

Con frecuencia encontraba adultos que le manifestaban que les hubiera gustado aprender a leer y escribir, pero que no tuvieron la oportunidad de ir a la escuela, porque en su niñez les habían asignado la responsabilidad de cuidar de sus hermanos menores, sobre todo las señoras, sumado al prejuicio que existía de que las niñas que iban a la escuela podrían volverse prostitutas, porque se iban a relacionar con muchos varones en la escuela. Una de las hijas del pueblo de Limón que hizo caso omiso a tal prejuicio y se reveló contra su padre para ir a la escuela, fue Elsa González, ahora viuda de Valencia. Por los factores antes mencionados, es de esperar que el numero de analfabetas era grande, por lo que el entonces Bachiller Alfonso Lacayo logró formar un grupo, comprometiéndose sin goce de sueldo a darles clases por las noches, fue asi que por primera vez hubo programa de alfabetización para adultos en Limón.

También les dio clases de reforzamiento de matemáticas por las noches a dos jóvenes que habían ter minado su primaria en la ciudad, pero para no perder la practica, recibían esas clases; se trata de Roberto Goff y Lawrence Reeves hijo y cuñado respectivamente del Señor Teddy Goff.

Algunas veces en sus momentos libres les enseñaba a tocar trompeta a Don Lalo Castro y a Ambrosio Castro, quienes después de aprender, formaron parte de los músicos del pueblo tocando dicho instrumento en "los charangos" o fiestas para jóvenes en los domingos por la tarde.

Siempre tratando de aumentar sus ahorros, en los terrenos de sus abuelos en las horas libres, los días feriados y fines de semana sembraba granos básicos, pero el primer año, un mal tiempo le arruino los cultivos, no logró cosechar nada; pero con ese espíritu de perseverancia con el cual solía enfrentar las dificultades, seis meses después, intento de nuevo, esta vez obtuvo una buena cosecha y mando a vender.

Almacenaba cocos y corozos, hacia copra para venderle a la fabrica de manteca "La Blanquita" en La Ceiba.-En sus actividades agrícolas trataba de involucrar al mayor número posible de alumnos, con el fin de inducirlos a aprovechar los recursos naturales, especialmente la tierra.

El tiempo que permaneció en el pueblo, recibió apoyo de su abuela, al igual que de algunas personas particulares, para el caso el Señor José Frederick Bermúdez, le prestaba el saxofón cuando había fiesta, porque también ponía en practica sus habilidades de músico formando parte de la orquesta del pueblo, la orquesta estaba integrada por Vicente Ruiz, Simeón R. Castro, José Ramos, Braulio Guerrero, Erasmo Mena y Alfonso Lacayo; hacían giras a las diferentes comunidades Garífunas, como a Santa Rosa de Aguan, Sangrelaya, Iriona, Batalla, Santa Fe, Guadalupe y Trujillo.

La señora Sinia Pitillo quien era una eminente partera, lo apoyó como una madre, el Doctor Lacayo no se explicaba cómo era que Doña Sinia lograba detectar embarazos aun antes del mes y a la vez sabía si era varón o niña y difícilmente fallaba.

En el mes de marzo de 1951, salió de Limón para ir a luchar por sus estudios universitarios, pero en esa ocasión se hizo acompañar de cuatro jóvenes con aspiraciones de superación y a quienes les estaba mostrando el camino para lograr sus nobles propósitos,ellos son: Benjamín Lacayo Manaiza, Nolasca Manaiza, Felicia Lacayo y Aurelio Lacayo.

Se fueron a pie hasta Trujillo, al llegar a Trujillo unos se hospedaron donde los señores Pastor Oliva y su esposa Carmela Lacayo de Oliva y otros donde la Señora Dominga Castro. Al día siguiente llevo a Benjamín donde el Licenciado Zacapa, donde lo estaba esperando su primo Crecencio Lacayo, hijo del Coronel Lorenzo Lacayo.

El doctor Lacayo pronunció un discurso en el quiosco de Trujillo antes de continuar su viaje.

En una goleta (nave de motor) llamada Julia H la cual naufrago unos meses después, se dirigieron a La Ceiba, Atlántida. Allí dejo a su hermana Felicia con su madre de crianza Doña Natividad García y Aurelio se fue para los campos bananeros con Pablo Lacayo hermano del Dr. Lacayo.

Luego Alfonso y Nolasca Manaiza continuaron su viaje en tren a Tela, al día siguiente partieron hacia La Lima, donde visitaron a la familia de Eriberta Quioto.

Prosiguieron su viaje hacia San Pedro Sula, y fue aquí donde le entrego al Padre Antonio Corre una carta de recomendación que el Padre Antonio Montañuela le enviaba de Trujillo, para que apoyaran a Nolasca Manaiza, ella quedo allí y estudio en el Instituto María Auxiliadora.

Todos lograron prepararse; Benjamín sacó una Maestría en Educación, y llego a ser en la década del setenta Director General de Educación Técnica y Vocacional y despues fue catedratico de la Universidad Nacional Autonoma de Honduras.

Nolly o Nolasca se graduó primero de maestra de Educación Primara y luego de Enfermera profesional recibiendo estudios en Guatemala y Costa Rica y actualmente vive en los Estados Unidos de Norteamérica y trabaja en un hospital. Felicia se graduó de Maestra de Educación Primaria y ya esta jubilada. Fue la fundadora del Jardín de Niños Estela Díaz de Banegas de Limón.

Aurelio se graduó de Perito Mercantil y Contador Públicoy trabajó en San Pedro Sula hasta jubilarse.

CAPITULO V

Su Ingreso a la Universidad Nacional Autónoma de Honduras y sus Luchas Estudiantiles

EL ESFUERZO QUE HIZO DE TRABAJAR PARA REUNIR DINERO, fue para comprar los trajes que necesitaría para asistir a la universidad, porque en ese tiempo era obligatorio que los estudiantes se presentaran con traje completo y corbata, y dado lo oneroso del vestuario, muchos jóvenes no ingresaban a la universidad, y el dijo que lucharía para que algún día, los estudiantes asistieran a clases con ropa que estuviera al alcance de sus bolsillos y lo logró.

Después de matricularse en el primer año de la carrera de medicina, para no gastar lo que le quedaba de ahorros, buscó trabajo en una oficina de Impuestos Sobre la Renta, pero algunas veces tendría que salir de Tegucigalpa y para evitar perder clases, prefirió no aceptarlo.—Por suerte se informó de un trabajo como bibliotecario de la facultad de Química y Farmacia de la Universidad; el Decano era el Doctor Jesús Aguilar Paz, autor del mapa de Honduras, le otorgó el trabajo con un sueldo de L40.00 (cuarenta Lempiras) mensuales. Los fines de semana y por las noches, trabajaba en la imprenta Calderón.

Estando en primer año, fue electo tesorero de la Asociación de Estudiantes de Medicina.

En mayo de 1951 nació su tercera hija Zoila Esperanza, con la señora Dometila Rochez, a Alfonso le era difícil sostenerla, porque estaba tratando de salir adelante en sus estudios, por lo que un tío materno de la niña la tomo por adopción y la llevo a los Estados Unidos de Norteamérica.

En junio del mismo año nació su cuarta hija pero con Casilda Sambulá se trata de Gloria Marina.

Alfonso trabajaba los siete días y a la vez iba a la universidad, pero en el trabajo de la Imprenta Calderón, tenía oportunidad de estudiar.

Fue asi que al terminar el periodo de clases, de sesenta alumnos, sólo pasaron cuatro, ellos eran Oscar Jacobo Cárcamo de San Marcos de Colon, Eugenio Interiano de Copan Ruinas, Rudecindo García de Alianza Valle y Alfonso Lacayo Sánchez de Limón, Colon, donde creció, porque el nació en La Ceiba Atlántida.

En el mes de marzo de 1952, hizo un viaje a La Ceiba, aprovechó para mandarle aviso a la señora Casilda Sambulá, para que viajara de Limón a La Ceiba, con su hija Gloria Marina para conocerla y trasladarse con ellas para Tegucigalpa, desafortunadamente la comunicación era muy difícil y cuando Casilda llegó con la niña a La Ceiba, el ya había regresado a la Capital para continuar sus estudios.

En el mes de junio, a raíz de las festividades del día del estudiante, Alfonso organizó una excursión a la Costa Norte patrocinada por el entonces Presidente, Juan Manuel Gálvez, también visitaron Puerto Cortes, Omoa, Tela y La Ceiba.

Al finalizar el segundo año, tuvo que sacar algunas materias básicas en exámenes extraordinarios, debido a que sufrió trastornos nerviosos y se le dificultaba asimilar lo que estudiaba, por el exceso de trabajo y estudio; además estaba involucrado en actividades políticas estudiantiles, pero al recuperar su salud, doblegó esfuerzos y logró pasar a tercer año en 1953.

El ingeniero Miguel Alvarado, quien fué el primer Director del Centro Universitario del Litoral Atlántico (C.U.R.L.A.); me informó que el conoció al Doctor Lacayo en el Pensionado San José, donde se hospedaban estudiantes de secundaria y universitarios, provenientes de diferentes partes del país, en busca de superación, este hospedaje estaba ubicado a esquina opuesta del Instituto San Miguel deTegucigalpa.

Cada mes pagaban Lps. 35.00 (treinta y cincoLempiras), con derecho a techo y alimentación; dormían en catres y en cada dormitorio habían tres o cuatro estudiantes;además el hospedaje contaba con un salón de estudio bien acondicionado.

La dueña del hospedaje, era una señora de Nicaragua llamada Olivia de Pineda, quien hacia el papel de madre de todos aquellos jóvenes, se tomaba el tiempo de visitar los colegios, para estar al tanto del nivel de aprovechamiento académico de los mismos, cuando fallaban o recibía alguna queja de mal comportamiento, los aconsejaba y los dejaba estudiando hasta las once de la noche, restringiéndoles las salidas, también con frecuencia hacia mención de Alfonso Lacayo, poniéndolo como ejemplo de ser un estudiante muy aplicado y luchador.

Entre 1953 y 1954, surgió el Frente de Acción Universitaria, precursor del Frente de Reforma Universitaria (FRU) y el Frente Renovación Universitaria, precursor del Frente Unido Universitario Democrático (FUUD).

En Julio de 1954, siendo Alfonso secretario del Exterior de la Federación de Estudiantes Universitarios de Honduras (FEUH), fue electo presidente de un comité que se enc argaría de fundar la primera residencia universitaria que se creó en Honduras, sirviendo de antesala al actual Departamento de Bienestar Universitario.

La idea surgió, de la dificultad que tenia un gran número de estudiantes, de diferentes áreas del país, de encontrar alojamiento adecuado. De esa manera por L40.00 (cuarenta Lempiras), los estudiantes tenían techo, cama, alimentación y aseo de ropa.

Desafortunadamente por conflictos surgidos entre el gobierno de la República y la FEUH, la residencia universitaria fue clausurada.

En el mes de mayo de 1954, Alfonso visito la Costa Norte, para apoyar la huelga de los trabajadores bananeros en una comisión encabezada por Rodolfo Rosales Abella, Ramiro Cabañas, Leonardo Godoy, Guillermo Bueso, Rigoberto Rendón y Alfonso Lacayo, enviados por la FEUH, no fueron solamente a apoyar a los trabajadores moralmente, sino que también los auxiliaron económicamente.

En el mes de junio de 1954, encarcelaron a los dirigentes estudiantiles Gautama Fonseca y Rodolfo Rosales Abella, a quienes acusaron de traidores a la patria, por haber sido exponentes de una huelga estudiantil en la que el Doctor Ramón Custodio jugo un importante papel, entonces Alfonso dio las vueltas para la excarcelación de sus compañeros, logro su objetivo y 24 horas después quedaron libres, inmediatamente se convoco a una asamblea, dirigida por Rodolfo Rosales Abella, donde entrego el poder, porque ya se había elegido una nueva junta directive. Se les acusó de traidores a la patria porque protestaron contra el Gobierno de Honduras por haber participado en el derrocamiento del Gobierno Constitucional de Guatemala, cuyo presidente era el Coronel Jacobo Arbens Guzmán, colocando en su lugar a Carlos Castillo Arnold, apoyado por las empresas bananeras y el presidente de Honduras, Julio Lozano.

Estas actividades sumado a problemas económicos, contribuyó a que Alfonso perdiera el cuarto año. Para avanzar en su objetivo primordial de coronar su carrera universitaria, decidió alejarse temporalmente del movimiento político estudiantil y solamente participó en la fundación de la revista "Galenia" y del periódico "El Universitario", siendo miembro de la plana de redacción.

A raíz de la clausura de la residencia universitaria, se trasladó a vivir al barrio La Hoya donde el señor Guillermo Rodríguez, pero por incompatibilidad con otros estudiantes que vivían en esa casa, se vio obligado a trasladarse donde la señora Ramona de Cáceres. En ese mismo periodo empezó a trabajar en el hospital como laboratorista.

En 1956 el gobierno del Presidente de Honduras, Don Julio Lozano Díaz, fue derrocado por una Junta Militar.—Esa Junta Militar creó el Departamento de Gracias a Dios, el gobierno de Nicaragua, reaccionó alegando que gran parte de ese departamento le pertenecía, enseguida le declaró la guerra a Honduras, atacando los pueblos fronterizos de esa zona. Los estudiantes universitarios organizaron un batallón llamado "Padre Trino" y en el participaba Alfonso Lacayo Sánchez con el fin de ir a la guerra. Sin embargo el conflict se llevo al dialogo, y la solución pacifica del problema impidió. que se desplazaran a la frontera; pero tengo información que los compatriotas Garífunas Erasmo Sambulá de Sangrelaya y Fausto Pablo de Limón, estuvieron en el frente de batalla antes de llegar a los arreglos de paz.

También para ese tiempo Alfonso se traslado a vivir donde la señora Soledad viuda de Fortín, cerca de la Casa de la Cultura y de la residencia del Doctor Jesús Aguilar Paz. En junio de 1956 nació su quinta hija Norma Florinda Lacayo en Tegucigalpa, también el movimiento universitario "Frente de Acción Universitaria, cambió de nombre por "Frente de Reforma Universitaria"(FRU) cuyos fundadores Fueron Jorge Arturo Reina, Ramón Custodio, José Díaz, José

Sarmiento, Aníbal Delgado Fiallos,Delmer Urbizo Panting, Gautama Fonseca, Rodolfo Rosales Abella y Alfonso Lacayo Sánchez.

En el mismo año hubo elecciones de la Federación de Estudiantes Universitarios de Honduras (FEUH) y el FRU lanzó como candidato a Presidente a Gautama Fonseca y como Vice-Presidente a Alfonso Lacayo Sánchez, lamentablemente los opositores ganaron.

Entre 1956 y 1957 Alfonso ingresó al quinto año de medicina, continuaba trabajando en el Hospital General San Felipe como laboratorista, y en el Instituto Salesiano San Miguel impartía clases de Ciencias Naturales y Francés a primer curso y a un grupo de estudiantes recién graduados de Comercio y que estaban sacando la equivalencia al bachillerato.

En dos ocasiones estuvo a punto de perder materias por el hecho de que se acercaban los exámenes y el no tenía dinero para comprar los libros, la primera vez fué a la Casa Presidencial porque el pensó que una de las funciones del gobierno es apoyar la educación, entonces se entrevisto con el Dr. Juan Manuel Gálvez, quien en ese entonces era el Presidente de la República y le pidió Lps 200.00 (doscientos lempiras) prestados para comprar un libro una semana antes del examen, el Presidente se los presto y en cuanto reunió el dinero, se lo fue a devolver, el Dr. Gálvez no queria recibir el dinero, sin embargo Alfonso insistió en dárselo, explicándole que solo se trataba de un préstamo y que ese dinero le serviría para resolverle el problema a otros.

En una segunda ocasión en que necesitaba otro libro, le escribió a su padre quien trabajaba en barcos que viajaban casi por todo el mundo, pidiéndole ayuda para comprar el libro, en vista que pasaron algunas semanas sin recibir contestación, optó por escribirle a su compadre, amigo y compañero deorquesta el Señor Simeón Castro Rivas, quien le mandó el dinero necesario para comprar el libro, aunque ya los exámenes habían pasado, logró asistir a exámenes extraordinarios y aprobar la materia.

En 1957, la Universidad Nacional de Honduras, obtuvo su autonomía, como el fruto de la lucha de catedraticos, estudiantes y todos los sectores progresistas del país.

Alfonso fué nombrado miembro del Claustro Pleno.

A finales de ese año, su hija Gloria Marina Lacayo, llegó acompañada de su tío materno Pedro Sambulá, quien empeño un traje que había comprado para las fiestas navideñas (las cuales ya se acercaban) para los gastos del viaje. Ella había estado sufriendo de anemia, pero los médicos en La Ceiba y San Pedro Sula, solamente le administraban reconstituyentes a base de hierro, pero no investigaron la causa de la anemia.

El día que llegaron, fue hospitalizada, con la ventaja que su padre Alfonso Lacayo Sánchez era empleado del laboratorio de análisis clínicos del Hospital San Felipe, e inmediatamente le practicó los exámenes de rutina.

Para su sorpresa, descubrió que su hija solamente tenía 700,000 glóbulos rojos, es decir menos de un millon siendo la cifra normal, 4,500.000 a 5,000.000, los médicos preguntaban que como había logrado sobrevivir, con esa cantidad tan baja de glóbulos rojos. Además tenia tres tipos de parásitos intestinales, Áscaris lumbricoides, trichiuris trichura y uncinarias. Los tricocéfalos (o Trichuris trichiura) y las áscaris lumbricoides las combatieron con mayor facilidad, porque le administraron los medicamentos apropiados, pero las uncinarias, seguían causándole problemas, en 1957, no había un medicamento especifico para atacarlas, por suerte Alfonso, contó con la colaboración de maestros, compañeros de la Facultad de medicina y de la Facultad de Química y Farmacia, al igual que el apoyo de los empleados del hospital, para la recuperación de su hija.

Un amigo suyo, estudiante de Farmacia, le propuso que consultaran en un libro que él tenia con la información de que el timol servía para combatir la uncinaria.

Leyeron las instrucciones y entre los dos elaboraron las capsulas, se las administraron en el hospital, con la extricta recomendacion de no proporcionarle alimentos con grasa, porque estaba contraindicado, y las consecuencias podrían ser fatales.

El objetivo se logro porque eliminó los parásitos y poco a poco se recuperó, hasta lograr el nivel adecuado de glóbulos rojos, pero tuvo que permanecer en el hospital por un año

En 1958, el doctor Lacayo siempre estaba involucrado en movimientos estudiantiles; el nos manifestaba que aunque trataba de retirarse de las mismas, no podía evitarlo. Las circunstancias y su espíritu de lucha por los intereses del grupo, lo obligaban a participar y por eso perdió el quinto año, teniendo que repetirlo.

A finales de 1957 su hermana la Doctora Justa Lacayo de Garcia se graduó de Bachiller en Ciencias y Letras en el Instituto Manuel Bonilla de La Ceiba, y a principios de 1958 se trasladó a Tegucigalpa, para estudiar Odontología, la acompañaba su sobrina Marta(hija del Dr Lacayo). Coincidió que también Su hija Gloria salió del hospital, entonces les encontró alojamiento a las tres donde una familia muy caritativa, se trata del General Alejandro Plata su esposa Doña Inés Espinal de Plata, su hermana Maria Espinal, sus hijos el Ingeniero Próspero, Rafael, Alejandrina, Haideé, Marta y Maria Elena y su nieto Jorgito; personas de nobles sentimientos quienes lo apoyaron, brindandole techo y alimento a sus hijas por una módica contribución mensual, cuando se le dificultaba pagarles, porque algunas veces tenía que comprar libros muy caros; ellos le decián que no se preocupara que pagara cuando pudiera y además de los alimentos y el techo, las trataban como parte de su familia.

En 1959, Alfonso viajó a Estados Unidos de Norteamérica y a Puerto Rico, con un grupo de compañeros, entre ellos el Lic. Anibal Delgado Fiallos, Lic. Jorge Arturo Reina, Dr. Carlos Godoy Arteaga, el Dr. Palacios, Lic. Rigoberto Barrientos Rosa, el Dr. Alfonso Lacayo Sánchez y otros, fueron invitados por el Departamento de Estado Norteamericano, siendo el presidente de esa nación Dwight David Eisenhower, escogieron a los alumnos que habían tenido militancia en los movimientos estudiantiles, fueron recibidos por José A. Mora, Secretario General de la Organización de Estados Americanos (OEA) en Washington; también visitaron varios Centros Educativos, Templos y lugares turísticos como la estatua de La Libertad y Las Cataratas del Niagara.

A raíz del viaje perdió el año de nuevo, porque regresaron después del período de exámenes y a pesar de que los catedráticos y examinadores habían aceptado que hicieran los exámenes después del período, pero el Decano de la Facultad de Medicina se opuso.

Esta actitud del Decano, tuvo relación con algunos choques de posiciones en lo que concernía a intereses universitarios, que tuvieron en las reuniones del Claustro Pleno, del cual ambos eran miembros, a raíz de la propuesta del Decano de la construcción de un Hospital Universitario, y después de haber sido aprobado, Alfonso pidió la reconsideración de la misma, la sustitución de ese proyecto por la creación de una comisión de reforma universitaria, orientada por un técnico de organizaciones universitarias; para lo cual reci-

Entre la reformas que Alfonso propuso fue el cambio de vestuario para asistir a la Universidad. En ese tiempo era obligatorio el traje formal (saco, corbata y pantalón del mismo color del saco), el Dr. Lacayo pidió que se eliminara el traje formal por ropa corriente y fue así que los alumnos empezaron a usar "mangas de camisa".

Ese año(1959) nació su hijo Fabio Rolando Lacayo en Tegucigalpa

También en 1959 el Instituto Americano de Cultura de Argentina lo nombró MIEMBRO CORRESPONDIENTE de esa institución, a continuación copio literalmente la carta que el Dr. Alfonso Lacayo Sánchez envió al Director de Relaciones aceptando el cargo y a la vez agradeciendoles Por haber sido seleccionado.

"Tegucigalpa, D.C. Julio de 1959.
Prof. Felipe Martín Sierra
Depto. de Relaciones Americanas
del Instituto Americano de Cultura,
Buenos Aires, C.F.
Señor Director:

He recibido con sumo agrado un comunicado suscrito por usted a mi apreciable amigo y compatriota, Profesor Felipe Benicio Flores, en el que se me notifica haber tenido el honor de ser designado "MIEMBROCORRESPONDIENTE DEL INSTITUTO AMERICANO DE CULTURA". Profundamente agradecido manifiesto por su digno medio al Consejo Directivo de aquel Organismo Cultural, mi aceptación a tan alto honor, convencido de que sus objetivos se identifican plenamente con los ideales americanistas concebidos un día por los padres de nuestra cultura. América se debate actualmente en una gigantesca lucha por lograr que la Democracia, como sistema indispensable para la observación y perfeccionamiento de la sociedad civilizada, se traduzca del papel a la vida y extienda el beneficio de su contenido ideológico a todos los americanos.

Desde luego el éxito de esta cruzada reclama la solidaridad de los pueblos, cuyo vehículo más decisivo lo constituyen organizaciones que como el INSTITUTO INTERAMERICANO DE CULTURA, esta

destinado a concentrar en un solo haz de voluntades, nuestros más elevados valores espirituales.

Sea esta una oportunidad para expresar a Ud. al Señor Presidente Académico, Dr. Rafael Noseda Valles y a todos los miembros del Honorable Consejo, el testimonio de mi elevada consideración y agradecimiento.

Alfonso Lacayo"

Entre 1959 y 1960 el Dr Lacayo, dió clases de Francés y Biología en el Instituto Salesiano San Miguel, entre sus alumnos figuraba el Licenciado Ladislao Molina Lacayo.

El 22 de Junio de 1960 asistió a la Quinta Reunión Ordinaria del Consejo Superior Universitario Centroamericano con sede en El Salvador, como parte de la delegación de Honduras, integrada por los siguientes representantes: Dr. Hernán Corrales Padilla, Rector. Licenciado Roberto Ramírez Decano de la Facultad de Derecho. Licenciado Roberto Suazo Tome, Pro-Secretario. Bachiller Alfonso Lacayo, Delegado Estudiantil. Tuvo la oportunidad de intercambiar ideas con el entonces estudiante de Derecho Chafick Jorge Handal, Hubo además representantes de la Universidad de Guatemala, El Salvador, Nicaragua, Costa Rica y por primera vez participó Panamá. En su discurso de bienvenida el Rector de la Universidad de El Salvador Dr. Napoleón Rodríguez Ruiz, hizo ver que uno de los objetivos de esas reuniones, era para conversar y tratar de hallar solución a los problemas que entonces enfrentaban las Universidades Centroamericanas, al igual que cada uno de sus países; a continuación copio literalmente parte de ese elocuente discurso

"Cómo puede la Universidad permanecer indiferente ante las violaciones al derecho, si ella esta enseñando en sus aulas que la function esencial del Estado es la realización del derecho?.como va a desentenderse de la burla, el escarnio y el engaño que los detentador es del poder público erigen en sistema, si en sus aulas se enseña a la juventud cual es estructura de la doctrina democrática? Y se quiere que la juventud guarde silencio. Se exige que no diga su protesta. Se exige que no se oiga su clamor; . . . Eso no puede ser. Callar a la juventud sería como querer suprimir el canto de los pájaros, o el murmullo de las fuentes, o el latir del corazón. La gran lucha en que estamos

empeñados los universitarios latinoamericanos, es lucha por subsistir, es lucha por la supervivencia. Lograr la independencia económica de nuestras universidades, crearles un patrimonio y robustecer sus ingresos, es tarea principal entre la múltiples que lleva consigo el desempeño de una función universitaria . . .

Antes de la creación del Consejo Superior Universitario, Centroamericano, la vida de nuestras universidades era de simple comunicación. Cada una ignoraba el acontecer de las otras, su contactibilidad era contingencial.

Los puntos de Agenda que vamos a estudiar, están inspirados en el más alto espíritu centroamericanista, tratando de ir creando instituciones universitarias centroamericanas que sirvan no a un país, sino a todos los pueblos de Centroamérica . . . No proponemos distribuir los estudios de las distintas carreras universitarias de tal manera que el profesional egresado de alguna de las universidades que integran el Consejo Superior Universitario Centroamericano, este apto para ejercer su profesión en cualquiera de los países del istmo. Los planes básicos mínimos de estudios que van a ser estudiados de aprobarse y ponerse en vigencia, resolverían uno de los problemas más espinosos que en sus relaciones han venido confrontando nuestra universidades: el de las incorporaciones".

Al finalizar la reunión, no quiso regresar a Honduras sin ir a saludar a uno de sus benefactores en el Instituto San Miguel, el Padre Laureano Ruiz quien se había trasladado a El Salvador, al hacer la visita, casi lo deja el avión, pero sus compañeros de viaje le dijeron al piloto que lo esperaran diez minutos.

En 1961, pasó al séptimo año, a finales de mayo de ese año hubo una huelga la de los estudiantes universitarios, para exigirle al gobierno la reestructuración del Hospital General San Felipe, a Alfonso Lacayo le eligieron presidente del comité de huelga.

Contó con el apoyo de la mayoría de los estudiantes especialmente de las facultades de Medicina, Química y Farmacia y Odontología, su hermana Justa Lacayo de Gracia estuvo con él desde el inicio de la huelga hasta el último momento, en los últimos días tomaron el puente Mayol, establecieron turnos para permanecer allí día y noche, hasta que después de un mes, la huelga triunfó y dio por resultado que el hospital pasara a ser dirigido por una junta en la cual estaban representados: el Ministerio de Salud Pública, el Cuerpo Médico del hospital, Practicantes internos y la Comunidad de Tegucigalpa.

Los estudiantes por unanimidad nombraron a Alfonso Lacayo como delegado de los practicantes en la Junta Directiva, se logró la aplicación de un reglamento general de hospitales que había sido renegaolvidado, decretado por la primera Junta Militar en 1956.

El 23 de junio de 1961 después que triunfó la huelga, se fundó un frente al cual Alfonso Lacayo Sánchez dio el nombre de "Frente Revolucionario 23 de Junio" y en ese mismo año fue electo Presidente de la Asociación de Estudiantes de Medicina; y como consecuencia de algunos de los logros que obtuvieron, el entonces Sub-Secretario de Salud Pública Dr. Carlos A. Javier les mandó a felicitar a través de la carta que a continuación copio:

"Tegucigalpa, D.C. 24 de Noviembre de 1961

Dr. Inf. Alfonso Lacayo
Presidente de la Asociación de
Estudiantes de Medicina y Cirugía de Honduras

Presente.

Estimado Br. Lacayo:
Hoy, con motivo de la promulgación de la Ley Orgánica de la Dirección General de Asistencia Médico-Social, que ya se encuentra en vigencia, creo oportuno y justiciero dirigir esta carta, en reconocimiento a la patriótica actitud asumida por la Asociación de Estudiantes de Medicina y Cirugía de Honduras, que usted dignamente preside, durante el de- bate público y parlamentario del referido ordenamiento jurídico.

Sin perjuicio de ninguna clase y animado solo por las ideas que aliento sobre el orden, el sentido de responsabilidad y la justicia social que deben prevalecer en toda democracia auténtica, no vacilo en manifestarle que el criterio sostenido por los estudiantes de Medicina sobre el papel que corresponde al Estado como defensor y garante de la salud del pueblo, constituye un ejemplo edificante, digno de ser imitado por las futuras generaciones de médicos hondureños.

Ha sido para mi objeto de gran complacencia el saber que entre Ud. y yo, entre ustedes y este humilde servidor, existen puntos de edificante coincidencia, y aunque en el pasado hayan existido divergencias entre aquellos que defendieron intereses gremiales y nosotros que defendimos intereses públicos y estatales, y más que todo principios de elevada jerarquía, esto no obsta para que, en discusión dialéctica, los hombres de buena voluntad, ajenos a intereses mediocres, podamos llegar finalmente a formar filas, columnas y fortalezas para defender los sagrados intereses de la Patria y de los hondureños desprotegidos.

No esta demás que consideremos Ud. y yo que en la actualidad no existen sino erráticas voluntades y esporádicas conciencias que desean la evolución honorable, ordenada y justa de la situación social de Honduras que se conmueven ante las alternativas de los cambios violentos o de los cambios graduales y progresivos ordenados por la Ley y mantenidos y sostenidos por los ciudadanos que respetuosamente acatan el mandato.

Por eso considero la actuación que los estudiantes de Medicina tuvieron en la defensa de la citada Ley Orgánica de Dirección General de Asistencia Médico-Social, una actitud brillante, perpendicular y honrosa.

Al consignar este reconocimiento, que le ruego hacer extensivo a todos sus compañeros, formulo mis mejores votos porque en el futuro próximo, la Asociación de Estudiantes de Medicina coopere con el Ministerio de Salud Pública y Asistencia Social, a fin de que todos los preceptos de la mencionada Ley, sean respetados y acatados rigurosamente por todas las clases profesionales involucradas en su articulado.

Talvez no sea esta la única vez que tendremos que alternar conceptos, pues mientras Ud. va subiendo los peldaños en el tiempo y en la función social y pública yo comenzare pronto el descenso de la escalinata y nos encontraremos ahí, en el intermedio, Ud. buscando los medios de servir a la Patria, yo satisfecho de mi actuación sincera, cargando en mis espaldas el peso de la incomprensión y de la ignorancia de otros.

Cuando usted ascienda en esta escala no le daré parabienes; sencillamente deseare que su voluntad y sus ideales se hagan materia para bien de los que usted sirva, convencido de que también Ud. bajará con la misma carga. Le escribo esta carta de carácter personal, despojado ya de investidura de Ministro por la Ley que tuve cuando me tocó defender dicha Ley ante el Congreso Nacional, y aprovecho la oportunidad para reiterarle las seguridades de mi alta estimación y aprecio personal.

Dr. Carlos A. Javier
Firma"

Mientras se desempeñaba como presidente de la Asociación de estudiantes Universitarios de Honduras por parte del Frente de Reforma Universitaria, fue candidato a la Presidencia de FEUH; con Delmer Urbizo Parting como Vice-Presidente Adolfo Aguilar como secretario del interior. El Ingeniero Santos Aarhus prestó su automóvil para las gestiones de las elecciones. Su hermana Justa Lacayo de García (ahora Odontóloga) estuvo con el hasta el último momento de las elecciones y su primo Félix Lacayo, quien tenía por sobrenombre "Caupolican" le servía de guardaespaldas, permanecía con el en todas las concentraciones públicas a las que asistía. Ganaron las elecciones en todas las facultades, menos en el CUEG (Centro Universitario de Estudios Generales) donde perdieron por ocho votos. En ese mismo año de 1961, llegaron a Tegucigalpa tres miembros de la Nueva Juventud Limonera, una organización con personería jurídica fundada para velar por las necesidades de la comunidad.

En vista de que los hijos del pueblo de Limón estaban preocupados por la epidemia de gastroenteritis que año a año cobraban vidas, enviaron una comisión integrada por Macario Bonilla Álvarez, Tomás Antonio Rivas y Robustiano Bermúdez, para plantearle al entonces Presidente de la República Dr. Ramón Villena Morales la necesidad de enviar médicos a la zona de Colón, quien les informó que ya se les habia notificado el problema y que habían mandado cinco médicos, pero que ninguno había querido ir, algunos se regresaban de La Ceiba, pero que pronto se graduaría EL PRIMER MEDICO GARIFUNA DE HONDURAS y que lo esperaran, porque había prometido ir a instalar una clínica Materno-Infantil en Limón, porque su objetivo primordial era servirle a sus hermanos garifunas.

El Señor Bonilla me informó que mientras permanecieron en Tegucigalpa, vivían donde el Señor Erasmo Mena y el Doctor Lacayo hacia las gestiones para lograr la entrevista con el Presidente y también les pagaba tres almuerzos a la semana en el Comedor "El Puntalito."

En dos ocasiones estuvo a punto de perder materias por el hecho de que se acercaban los exámenes y él no tenía el dinero para comprar los libros, la primera vez fue a la Casa Presidencial porque él pensó que una de las funciones del Gobierno es apoyar la ecuación, entonces se entrevistó con el Dr. Manuel Gálvez quien era el Presidente de la República y le pidió L. 200.00 (Doscientos Lempiras) prestados para comprar un libro una semana antes del examen; el Presidente se los prestó y en cuanto reunió el dinero se lo fue a devolver, el Dr. Gálvez se negó a recibir el dinero, sin embargo Alfonso insistió en dárselo, explicándole que solo se trataba de un préstamo y que ese dinero le serviría para resolverle el problema a otros.

En una segunda ocasión en que necesitaba otro libro, le escribió a su padre quien trabajaba en barcos que viajaban casi por todo el mundo pidiéndole ayuda para comprar el libro, en vista de que pasaron semanas sin recibir contestación, optó por escribirle a su compadre, amigo y compañero de música el señor Simeón Castro Rivas, quien le mandó el dinero necesario para comprar el libro, aunque ya los exámenes habían pasado, logró asistir a exámenes extraordinarios y aprobar la materia.

En febrero de 1962 egresó de la Facultad de Medicina; el Decano y los catedráticos les hicieron una reunión, en la cual le entregaron a cada uno de los egresados un maletín conteniendo los instrumentos que un médico necesita para trabajar, incluyendo un equipo para pequeña cirugía.

Antes de egresar de la escuela de medicina. El Patronato Nacional de la Infancia (PANI), en el mes de Enero del mismo año (1962) por medio del acuerdo No. 78 le extendió el nombramiento de Médico Jefe de la Clínica Materno-Infantil de Limón.

Por coincidencia el día que egresó de la Escuela de Medicina ganó L. 1,000.00 (mil lempiras) en un sorteo de la Compañía de

Seguros Interamericana que empezó a pagar desde que inició sus estudios universitarios en 1951.

En vista de que él deseaba que sus hermanos se preparasen tomó la decisión de utilizar ese dinero L. 1,000.00 (mil lempiras) para trasladar a su madre de crianza la señora Natividad García y a sus hermanos Antonio Lacayo, Clemente Lacayo y a su hija Martha Lacayo de La Ceiba hacia Tegucigalpa, les alquiló una casa en el centro contiguo al Centro de Salud, e hizo las gestiones necesarias para que los muchachos continuaran sus estudios.

Después de instalar a la familia en Tegucigalpa, empezó sus preparativos para su viaje a Limón, pero conociendo las condiciones del lugar y pensando en la importancia de la medicina preventiva elaboró un PLAN GENERAL PARA UN ENSAYO DE DESARROLLO COMUNAL DE LIMÓN EN EL DEPARTAMENTO DE COLÓN.

Para poner en práctica el plan antes mencionado él necesitaba de un estudio socioeconómico del lugar; entonces le envío una carta al Señor Decano de la Facultad de Ciencias Económicas de la Universidad Nacional Autónoma de Honduras, la cual copia a continuación.

"Tegucigalpa, D.C. abril 6 de 1962.
Señor Decano de la Facultad de Ciencias
Económicas de Tegucigalpa
Lic. Marcial Solís
Presente
Señor Decano:

Después de saludarle muy atentamente, permítame comunicarle lo que seguidamente expresaré:

Por acuerdo No. 78 del Patronato Nacional de la Infancia, correspondiente al mes de enero pasado, he sido nombrado Médico Jefe de una Clínica Materno Infantil que dentro de poco funcionará en Limón, Depto. de Colón. Y dadas las condiciones en que se encuentran los moradores de aquel lugar, condiciones infrahumanas que yo mismo soporté durante mis primero años de vida, y que usted conoce perfectamente, he creído que toda labor en el campo de la Medicina asistencial exclusivamente será nula si no se abordan en forma integral la gama de problemas que sirven de sustento a la enfermedad.

Estos conceptos, me han sugerido lo que he elaborado y llamado, PLAN GENERAL PARA UN ENSAYO DE DESARROLLO COMUNAL DE LIMÓN DEPTO. DE COLÓN, de cuya copia enviare a usted oportunamente. Pero cualquier esfuerzo en ese sentido, sin un estudio previo, sería empírico y por tanto condenado al fracaso, por lo que he pensado acudir por su medio al Instituto de Investigaciones Socioeconómicas, solicitando de dicho Instituto una colaboración en el sentido de realizar con la ayuda del pueblo, una labor con bases en la realidad.

En espera de que usted influirá a que la presente solicitud sea resuelta favorablemente, todo por el mejoramiento de nuestras abandonadas comunidades, me es grato suscribirme como su atento y seguro servidor.

Alfonso Lacayo"

Una vez que elaborara el plan y después de enviar la solicitud para el estudio Socioeconómico, viajó acompañado de una enfermera llamada Rosa (desconozco su apellido),de sus hijos Fabio Rolando Lacayo y su servidora Gloria Marina Lacayo, en un avión de SAHSA (Servicio Aéreo de Honduras Sociedad Anónima) hacia San Pedro Sula, donde permanecieron dos días recibiendo la visita de parientes, amigos y de los dirigentes de la Cooperativa Nueva Juventud Limoneña a la vez aprovechó la ocasión para contratar los servicios de su prima Olivia Bermúdez Lacayo para que lo cuidara con sus hijos en Limón, en vista de que aún él no tenía esposa; ella aceptó y le prometió seguirlo una semana después.

Partió en avión hacia La Ceiba, donde permaneció diez días, debido a la falta de carreteras; el único medio de transporte disponible en esa época eran las embarcaciones de motor y dependía del estado del tiempo. Mientras llegaba la embarcación o goleta, estuvo hospedado donde su cuñada María Digna Lacayo, esposa de su hermano Pablo Lacayo, también sus hermanos Trinidad Lacayo, Dolmo y Virgilio Arriola lo asistían en lo que estaba a su alcance.

A principios de mayo de 1962, salió de La Ceiba, departamento de Atlántida, hacia Limón, departamento de Colón, a bordo de la goleta —La Costa— propiedad del señor Daniel Gómez por la noche y llegó a Limón en la madrugada del tercer día.

A falta de muelle, para llegar a la playa, era necesario abordar unos cayucos muy grandes manejados por hombres Garífunas expertos y audaces, que sabían como enfrentar aquellas grandes olas, ellos eran: Félix Pitio, Felipe Róchez Bonilla (alias Fico), Marcelino Ovado(alias Sopa), Juan Ruiz (alias Pachan) y Zacarias Ortiz

El pueblo ya tenía información de su llegada y se reunieron para recibirlo en la playa.

Ese año en el mes de Julio, nació su hijo Alfonso Roberto Lacayo Avila en Tegucigalpa

CAPITULO VI

Su Participación en el Mejoramiento de la Salud y Condiciones de Vida en la Comunidad Garífuna de Limón

EL DÍA DE SU LLEGADA SE INSTALÓ EN LA CASA DE SU COMPADRE y amigo de infancia Simeón Castro Rivas, quien en ese entonces residía con su familia en los Estados Unidos de Norteamérica.

La Enfermera Germán Ventura me informó que esa tarde un grupo de personas, entre ellas Vicente Ruiz, Teófilo Lacayo, Elías Castro, Demetrio Álvarez, Epifanio Meléndez, la Profesora Elvira Ramos, el Director de la Escuela Francisco Morazán Gilberto Flores y Germán Ventura, le organizaron una cena de bienvenida.

En esa cena se pronunciaron discursos y el doctor Alfonso Lacayo Sánchez al hablar, le explicó al pueblo su gran interés por mejorar la situación en la comunidad y de la necesidad de organizarse para poder lograr ese objetivo, les explicó que una de sus metas era fundar una clínica materno-infantil y que el había elaborado un plan para el desarrollo de la comunidad y había solicitado que se elaborara un estudio socioeconómico del municipio de Limón.

Le dieron una casa que pertenecía a la Sociedad Los Hermanos, una de las organizaciones con Personería Jurídica, fundada con el fin de resolver diversos problemas en la comunidad, le facilitaron su sede para que en ella funcionara la clínica, pero les planteó la necesidad de hacer un galerón y algunos asientos para que los pacientes esperaran su turno, entonces casi todas las personas de la comunidad se movilizaron contribuyeron con clavos, madera, manaca, horcones y mano de obra y en 72 horas exactamente el 15 de mayo de 1962 se estaba inaugurando la Clínica Materno Infantil de Limón, bajo la dirección del PRIMER MÉDICO GARÍFUNA DE HONDURAS EL DOCTOR ALFONSO LACAYO SÁNCHEZ.

Además de la enfermera Rosa, también buscó la colaboración del profesor Teófilo Lacayo Ramos y de Delfino Martínez, este último en su condición de conserje.

En los siguientes días se organizó el Patronato para el Desarrollo Comunal de Limón, integrado por todas las organizaciones existentes en la comunidad en ese tiempo, entre las que se pueden mencionar "Nueva Juventud Limonera", Sociedad los Hermanos", Consejo de Maestros", "Organización de Danzas 500" "Organización de Danzas Cinco Estrellas" y La Municipalidad.

La directiva quedó integrada de la siguiente manera:

Presidente. . . . . .Dr. Alfonso Lacayo Sánchez
Secretario . . . . .Profesor Gilberto Flores
Tesorero . . . . .Señor Vicente Ruiz
Fiscal . . . . .Señor Elías Castro

Se organizaron patronatos de apoyo en Tegucigalpa, San Pedro Sula, Tela y New York.

En New York el señor Simeón Castro con un grupo de jóvenes eran los integrantes del comité.

Una de las primeras actividades fue aprobar el Plan Piloto de Desarrollo de la Comunidad de Limón y elaborar el reglamento respectivo.

Tal como manifesté anteriormente, ya el Dr. Lacayo había solicitado un estudio socioeconómico de la comunidad. Las gestiones para su elaboración se iniciaron en 1963.

A continuación presento un pequeño resumen del mismo. Estudio socioeconómico del Municipio de Limón Depto. de Colón, por parte del Instituto de Investigaciones Económicas y Sociales de la Universidad Nacional Autónoma de Honduras participaron:

Lic. Marco Virgilio Carías Director
Lic. Arturo Euceda Jefe del Depto. de Estudios Económicos
Lic. Miguel Ángel Fúnez Jefe del Depto. de Estadística
Lic. Cecilio Zelaya Lozano Miembro del Consejo Técnico Consultivo

Objetivos del estudio

1. Mejorar las condiciones de vida en la comunidad especialmente en lo que respecta a salud y educación
2. Alcanzar niveles más altos de ingreso

Contenido del estudio

Abarca los siguientes aspectos:

1. Ecología
2. Perspectiva histórica
3. Demografía
4. Economía
5. Organización social
   Política
   Religiosa
   Sociedad y grupos de acción
   Estructura de las relaciones de parentesco
   Educación escolar y culturilización
6. Limón frente al desarrollo
7. Proyectos y perspectivas
8. Gráficas y mapas.

Pasos que se Siguieron Para la Elaboración del Estudio

Después que el Doctor Alfonso Lacayo Sánchez presentó la solicitud para el antes mencionado estudio socioeconómico del municipio de Limón, en abril de 1963 el Director del Instituto de Investigaciones Económicas y Sociales, Licenciado Marco Virgilio Carias y el Jefe del departamento de estudios económicos, Licenciado Arturo Euceda Gómez, viajaron a Limón, permanecieron 15 días en la comunidad, logrando observer el régimen de vida y recaudar algunos datos que no habían aparecido en el censo de población de Honduras levantado en 1961; además recorrieron las zonas de cultivo y los centros de población (aldeas, caseríos), en esas actividades, contaron con la colaboración del solicitante el Dr. Alfonso Lacayo Sánchez, los maestros de la escuela Francisco Morazán y los alumnos.

Luego en el mes de junio del mismo año, el Licenciado Arturo Euceda Gómez, viajó nuevamente a Limón, acompañado de dos estudiantes de la Universidad de Laval, Québec Canadá, Pierre Beaucage y Jacques Godbout gozando de una beca, permanecieron en Limón cinco semanas. El Licenciado Euceda se dedicó a la investigación de orden económico demográfico y los estudiantes canadienses al estudio de: la actitud y opiniones de lacomunidad para responder a los asuntos fundamentales.

a) Como conciben los habitantes de Limón el problema del desarrollo de su comunidad.

b) De qué medios pueden disponer para llevarlo a cabo con un mínimo de ayuda externa

Pude observar que en el punto que habla de perspectiva histórica algunos datos no coinciden con los de la "Historia del Pueblo Garífuna y su llegada a Honduras" como ser el nombre de los fundadores de Limón; según el Estudio Socioeconómico, los fundadores fueron "Juan de Dios (apellido desconocido), Marcelino Calderón, Juan Bautista y Manuel Antonio Berberena que se establecieron con permiso del Rey Mosco. Juan de Dios llegó allí después de la guerra que Trujillo sostuvo con unos piratas, no se sabe el año, y en la historia del pueblo Garífuna dice que los fundadores fueron Diriga, Yurima, Mazuley, Gagaly y Gueru.

Es de suponer la gran demanda que había de servicios médicos, al grado que unas horas después de su llegada al pueblo, ya lo estaban llamando para ver una paciente a domicilio, su primer paciente, fue Ernesta Guerrero quien me informó que tenia una fiebre muy alta y su abuela al enterarse de la llegada del Doctor Lacayo, lo mandó a llamar y el la atendió, descubriendo que era la hija de su compadre y amigo Braulio Guerrero.

Desde el principio detectó que la causa de las enfermedades tenían que ver con el ambiente y era necesario combatir las bacterias en dos direcciones:

1. Atacar la insalubridad del ambiente
2. Ayudarles a los enfermos a recuperar la salud
   En cuanto al ataque de la insalubridad, organizó un comité de saneamiento ambiental cuyos principios básicos eran:

a) Eliminación de malezas de los solares baldíos

b) Entierro e incineración de basura

c) Sustitución del sistema de abastecimiento de agua de pozos abiertos por bombas aspirantes e impelentes, las cuales fueron compradas con el dinero girado por los Limoneños residentes en New York bajo la dirección del señor Simeón Castro como había mencionado anteriormente. Las bombas fueron colocadas en lugares estratégicos de modo que todo el pueblo pudiera abastecerse.

d) Construcción de letrinas. Para llevar a cabo esa actividad el doctor Lacayo se trasladó por unos días a Tegucigalpa (capital de Honduras y visitó La Penitencieria Central (cárcel) para aprender con los reos, la construcción de letrinas, luego regresó a Limón a enseñarles a sus colaboradores.

e) Por la relación entre la buena salud y un dieta balanceada le enseñó a la comunidad, nociones generales de agricultuy producción variada de alimentos y se intensificó la producción de maíz, plátano y banano.

En cuanto al segundo punto, es decir ayudar a los enfermos a recuperar la salud, descubrió una alta incidencia de enfermedades parasitarias nutricionales e infecciosas. La anquiolostomiasis o uncinarias afectaba el 100% de la población y sus secuelas como la anemia, hacia que de los 4,500.000 a 5,000.000 de glóbulos rojos que debe tener un ser humano, a la mayoría de la población de Limón en ese tiempo se le encontraba de 750,000 a 2,5000.000 muchos enfermos morían de anemia aguda en Limón antes de iniciarse el tratamiento.

La deficiencia de hierro por acción de las uncinarias hacia que la inmensa mayoría de la población sufriera de pica, que es la tendencia de comer tierra, carbón y una variedad de cantera rosada de olor aromático que el pueblo llamaba tivivi.

En vista que en ese tiempo no se encontraba en el país ningún tipo de medicina que combatiera la uncinaria, a sus instancias el doctor Lacayo solicitó a Salud Pública, que le enviarán una buena cantidad de un producto Tetraclorotileno.

También era indispensable calzar la población como medida preventiva, porque la uncinaria se introduce al cuerpo por la planta del pie, pero ante lo oneroso de calzar todo un pueblo, buscó ayuda con el Párroco de Trujillo el Padre Juan Almenara y se dirigió también a la Junta Nacional de Bienestar Social presidida por la entonces primera dama de la nación, la Profesora Alejandrina Bermúdez de Villena Morales, quien le ofreció sandalias de llantas de carro, elaboradas por los reos de la cárcel de Tegucigalpa.

Una comisión de la junta integrada por Lisandro Rosales Abella, Marina Castillo de Billet y el capitán de aviación Flores Theresin, llegaron a Limón a entregar tres mil pares de sandalias, las cuales fueron distribuidas en el pueblo.

El padre Juan Almenara por su parte le contestó con la siguiente carta:

"PARROQUIA SAN JUAN BAUTISTA
TRUJILLO, HONDURAS, C.A.

1 DE ABRIL 1964

Sr. Dr. Alfonso Lacayo

Limón

Mi recordado amigo; no di respuesta antes a su apreciable carta, debido a una ausencia en visita pastoral por pueblos del Departamento. Me alegra muchísimo el entusiasmo que ha sabido inculcar en su amable pueblos, que gracias a Dios, esta dando resultados positivos y tangibles. Ojala hubiera en la República una docena de hombres que sintieran y vivieran como usted el problema social del momento. Le tengo guardados 5 lempiras para obras. Bien sabe usted que si no le ayudo más es porque no puedo, también tengo unos pares de alpargatas, que talvez usted podría experimentar en Limón. Aunque es zapato de segunda calidad, puede cubrir las necesidades perentorias. Si tiene éxito me avisa. Ambas cosas, la pequeña ayuda y los zapatos, se los puedo enviar mediante alguna de las personas que viajan a Trujillo y que sean de la confianza de usted. Aprovecho la ocasión para reiterarle una vez más mi admiración y desear que Cristo este junto a sus trabajos.

Juan Almenara P.
(Firma)"

La cooperativa Nueva Juventud Limonera, que había sido fundada por el señor Robustino Bermúdez en la ciudad Puerto de Tela, Atlántida, con la idea de aglutinar todos los Limoneños existentes en el país, para que regresaran a trabajar bajo el sistema cooperativo en Limón, con el fin de trabajar la tierra y producir alimentos.

La directiva de la Nueva Juventud Limonera inicialmente estaba integrada así:

1. Presidente Robustito Bermúdez
2. Vice-Presidente Serafín Martín
3. Secretario Estanislao Bonilla
4. Tesorero Candido Bermúdez
5. Fiscal Macario Álvarez
6. Vocal Tomás Rivas

La cooperativa antes mencionada obtuvo su personería jurídica en 1963 y en Limón estaban buscando la manera de hacerla funcionar con la idea de producir alimentos, no solo para la comunidad, sino para el aflujo de personas que la visitaban de diferentes partes en busca de servicios médicos.

Se descombraron veinticinco manzanas de tierra para ser cultivadas de plátano banano y maíz, con resultados satisfactorios, para fomentar el cultivo de arroz, se compró una máquina despulpadora avalada por el doctor Lacayo, por la cantidad de L. 2,800.00 (dos mil ochocientos lempiras). Sumados los intereses pasaban los tres mil lempiras, pagaderos en tres años.

El proyecto de arroz fracaso en Limón, no había el hábito de cultivar este grano básico en gran escala, por lo que la despulpadora se traslado a la comunidad Garífuna de Batalla, donde el entonces estudiante de antropología Pierre Beaucage colaboró en la instalación y administración, pero después hubo que venderla para terminar de pagarla y la compró allí mismo en Batalla el señor Pascual Norales.

Otras de las actividades realizadas para la producción de alimentos en el pueblo, fue el establecimiento de cuatro granjas avícolas: una funcionaba donde el señor Silverio Martínez, otra donde el señor Prudencio Ventura, la tercera donde el señor Arcángel Martínez y la última donde el Doctor Alfonso Lacayo.—Oscilaban entre 150 y 180 gallinas para abastecer a la comunidad de carne y huevos.

En ese tiempo su barbero era el señor José Frederick Bermúdez, con quien sostuvo una amistad que perdió hasta el último momento.

El señor Frederick se expresaba con estas palabras: "El Doctor Lacayo era un hombre muy sincero quien siempre estaba al tanto de los problemas de los demás, tratando de ayudarles en todo lo que podía"

En Marzo de 1963 nacio su hijo Victorino Lacayo Marín Le puso ese nombre en memoria de Victoriano Sambulá Su tatarabuelo quien fue Gobernador de Iriona, padre de Martin Lacayo.

Colaboró para conseguir becas para que un grupo de jóvenes estudiaran Magisterio en Trujillo, entre los beneficiados se encuentran: Bernardo Ramírez, Víctor Molina Lacayo, Victoriano Bernárdez, FaustoValencia y otros quienes en su mayoría regresaron a trabajar en sus comunidades.

Delfino Martínez también fue uno de los seleccionados, pero en el momento de recibir el aviso, no contaba con suficientes recursos económicos para su traslado e instalación en Trujillo, por lo cual el Dr. Lacayo mando una nota al colegio informando sobre la situación económica del becado, pidiendo que quedara pendiente para el siguiente año. Para ayudarles a reunir el dinero, lo nombro el primer conserje de la Clínica Materno Infantil, logrando reunir lo suficiente para su traslado a Trujillo el siguiente año, dejo ese cargo de conserje a Concepción Pastor.

Para obtener las becas antes mencionadas, buscó la colaboración de Alberto Valentín, quien se encargaba de llevar las notas que hacia el doctor Lacayo a las autoridades de educación y además cada cierto tiempo iba a recordarles de las solicitudes hasta que fueron aprobadas, de lo contrario quizás esas becas no se hubieran obtenido.

Cuando el Dr. Pearre Beaucage fue a Trujillo a los barrios Cristales y Río Negro a entrevistar a los ancianos para escribir la Historia del Pueblo Garífuna, los estudiantes Víctor Molina Lacayo y Delfino Martínez le sirvieron de guía.

Otra de sus contribuciones a la educación en Limón, fue la campaña emprendida con los maestros a través del Patronato Pro Plan piloto de Desarrollo Comunal, para la elaboración de pupitres y construcción de un edificio escolar, enviaron cartas a algunas casas comerciales, solicitando ayuda económica, lo cual podemos comprobar con la que copio a continuación:

"Limón Depto. De Colón, Enero 23 1964.

Estimados Señor(a):

El Patronato Pro Plan Piloto de Desarrollo Comunal de Limón, del Depto. De Colón, solicita por este medio, su patriótica colaboración, en su propósito de verificar un programa de actividades económicas, entre las cuales figura una amplia campaña de colecta pública, acudiendo para tal fin a la generosidad y espíritu social de personas particulares, Instituciones cívicas, culturales, económicas, gubernamentales, estudiantiles y demás agrupaciones que constituyen las Fuerzas vivas de la Nación, con el fin primordial de continuar la labor emprendida a favor de cambios sustanciales contraídos a elevar las condiciones económicas y sociales de estas comunidades a niveles compatibles con la vida humana.

Adjunto podrá observar algunas de las realizaciones concretas que, con el esfuerzo exclusivo de los miembros de la comunidad, hemos logrado en transcurso del año 1963.

Para este año proyectamos uno de tantos problemas básicos que es el relacionado con las condiciones materiales y organizativas de la escuela de la localidad. La magnitud de ese problema podrá usted comprobarlo mediante algunos datos recabados al iniciar el año lectivo y que son los siguientes:

Número de niños de edad escolar según censo de 1963 383
Número de niños de edad escolar matriculados 372
Número de maestros 10
Número de secciones escolares 12
Número de bancos en general 45
Número de bancos con escritorio 15
Número de bancos sin escritorio 30
Número de niños sentados en el suelo 147

El problema del libro de lectura es sencillamente patético, pues el Primer Grado en número de 130 apenas contaba con doce libros.

Mediante la colaboración de la comunidad y aplicando medidas de emergencia, se logró resolver el problema temporalmente, construyendo más de 150 muebles bipersonales.

Los maestros contribuyeron con dinero para alquilar dos salones más. Mientras que las Autoridades Centrales de Educación, haciendo eco a una petición firmada por todos los padres de familia, nombraron dos maestros más.

Ahora el Patronato, se propone llevar a cabo la construcción de un Moderno Edificio Escolar mediante las especificaciones de la Oficina de Construcciones Escolares, ya que existen los planos en dicha Oficinas. La capacidad de Edificio estará condicionada a los 400 niños a que ascenderá la matricula este año y considerando el aumento anual de 20 a 25 niños.

Pero como paso inicial queremos adquirir una maquina para fabricar ladrillos y comprar además suficiente cantidad de cemento. Por lo que acudimos a usted solicitando su colaboración económica, tanto personal, como de la Institución que usted dignamente representa, todo por la niñez y el porvenir de Honduras.

Cualquiera que fuere su contribución, será apreciada en todo valor ; lo que podrá dirigir al:

PATRONATO PRO PLAN PILOTO DE DESARROLLO COMUNAL DE LIMON, COLON.

De usted con toda consideración nos suscribimos como sus atentos y seguro servidores.

Alfonso Lacayo Sánchez   *GilbertoFlores*
Presidente   *Secretario"*

Afortunadamente en ese tiempo había un alto espíritu de colaboración de parte de los miembros de la comunidad, además Pierre Beaucage, regresó de Canadá con la idea de entrevistar a los ancianos de las comunidades Garífunas para escribir la Historia de nuestra etnia; quien venia acompañado de su esposa Helena y de su compañero Marcel Sansón y la esposa de él, Clara.

Mientras Pierre y Marcel hacían su investigación, Clara que era enfermera ayudaba en la clínica, como Helena era maestra, por sugerencia del Dr. Lacayo fundó una especie de guardería infantil, tomando en cuenta que los niños quedaban solos cuando sus madres se iban al campo de labranza.

Los objetivos por los cuales se fundo la guardería infantil eran:

a. Proporcionar seguridad
b. Proveerle a los niños una mejor nutrición, distribuyéndole diariamente leche en polvo donada por el programa del Presidente norteamericano John F. Kennedy, "LA ALIANZA PARA EL PROGRESO."
c. En vista de que nuestra lengua materna es el Garífuna y los textos escolares estaban en español, Helena pensó que era importante enseñarles a los niños el idioma español antes de llegar a primer grado, porque solo hablaban Garífuna. Para que se les facilitara el aprendizaje.

Para empezar el pueblo le proporcionó un local pequeño y para su sorpresa, el primer día llegaron noventa niños, resultando inadecuado el local y una sola maestra no era suficiente para atenderlos. Para resolver ese problema, Helena Beaucage se reunió con la comunidad y les planteó la situación, con mucho entusiasmo decidieron construir un galeron grande con bancas, los hombres iban en cayucos al monte a cortar árboles y manaca y las mujeres y niños llevaban el material antes mencionado de la orilla del rio al centro del pueblo, luego entre todos construyeron la galera en una semana.

Elena contó con la colaboración de tres jóvenes que en años anteriores habían terminado su primaria y estaban dispuestas a trabajar como voluntarias en el proyecto, ellas son Cesárea Meléndez, Dolores Ramos y Filomena Ventura.

Elena estaba interesada en que las voluntarias continuaran su labor, fue por eso que tres meses despues, viendo el interés que mostraban, ella viajó a Trujillo para solicitor una colaboración económica con las autoridades de educación, de modo que gozaran de un sueldo mensual, pero se negaron, dijeron que no querían involucrarse en el proyecto, así fue que al regresar ellos a Canadá el proyecto no continúo.

Una de las actividades del Comité Pro-desarrollo de la comunidad, fue organizar cuadrillas de limpieza, integrada por hombres, mujeres y escolares voluntarios para chapiar, recoger y enterrar la basura; porque el alto índice de infección, parasitosis intestinal y malaria, se debía a las condiciones antihigiénicas del ambiente.

La Señora Prisca Núñez, fue una de las pacientes que remitió, a La Ceiba, al Hospital Atlántida, por un embarazo de alto riesgo; su hija

Melida Ventura me informó que su mamá, no estaba de acuerdo en viajar porque tenía muchos hijos y no los quería dejar solos, e incluso hubo alguien que le alimentó la idea de no viajar diciendole que el Dr. Lacayo no era Dios para saber si ella iva a morir de parto o no. Pero que el Dr Lacayo la visitó para insistirle que se fuera lo más pronto posible, llevandole una carta de referencia, al fin pudo convencerla, rescatando su vida y la de la criatura que llevava en su vientre.

Al no contar con medios de transporte adecuados para trasladar pacientes graves a los hospitales, el Doctor Lacayo hizo gestiones para establecer un puente aéreo, prueba de ello es la carta que él envió a los medios de comunicación y copio a continuación:

"ES UNA NECESIDAD URGENTE Y MUY HUMANA, LA CREACIÓN DE UN SERVICIO DE AMBULANCIA AÉREA PARA TODA LA REPÚBLICA.

Desde hace más de un año venimos insistiendo en la urgente necesidad de que se estableciera bajo los auspicios de alguna institución nacional o inter nacional, ya se tratará de alguna dependencia gubernamental, o bien la Cruz Roja Internacional, de un eficiente servicio de los que podríamos llamar AMBULANCIA AÉREA, destinado a la movilización de aquellos enfermemos de suma gravedad que por falta de medio de comunicación y transporte que permita trasladarlos a un centro hospitalario, muere de enfermedades perfectamente curables.

Durante el año y dos meses que tenemos de estar al frente de la Clínica Materno Infantil de este Pueblo, he confrontado cinco de esas emergencias, todas susceptibles de ser curadas mediante una oportuna intervención quirúrgica, o bien una transfusión de sangre.

Sin embargo los cinco, sencillamente murierone porque no existe un servicio nacional de socorro al alcance de todos a donde hubiéramos podido acudir.

En los primeros días de la semana pasada, fuimos llamados para asistir uno de esas peligrosas complicaciones de parto en una desafortunada campesina, en una aldea del municipio de Iriona, ubicada a unos 80 kilómetros de Limón, aproximadamente invertimos 9 horas en ida y 13 horas en el regreso, debido a habérsenos cansado el caballo por lo que fue necesario hacer gran parte de recorrido a pie. Tuvimos éxito en la solución del problema inmediato, pero el estado precario en que había quedado aquella madre, después de cien horas de sufrimiento, exigía hospitalización para tratar debidamente las consecuencias del parto normal. El mar estaba embravecido, único medio de transporte y aunque no el adecuado en estos casos. Pero ¿A dónde llamamos a alguna empresa de "taxis aéreos"?, uno de esos artefactos, no están al alcance de cualquiera. Las probabilidades de vida de la paciente que nos ocupa, se reduce al mínimo, cuando nos vemos obligados a enviarla en una goleta, que llegara al hospital mas próximo 72 horas más tarde y después de esperar otras tantas horas para que bajara la marea.

Sería importante que todos los ciudadanos que tuvieran bajo su responsabilidad la dirección de instituciones relacionadas con los vitales intereses del pueblo, viviera durante alguna época de su existencia antes, las angustias que experimentan las madres, esposas e hijos, cuando se ven forzados a resignarse a ver morir a sus seres queridos, después que el médico dictamina: "Este enfermo se habría salvado con una operación quirúrgica verificada dentro de las primeras 24 horas de iniciada su afección" pero habriamos necesitado una avioneta y el viaje valdría L. 150.00 a L. 200.00

Estamos seguros que así habrían tenido eco las reiteradas peticiones, que nombre de los campesinos y demás gente humilde de nuestro país, ante organismos oficiales, autónomos y semi-autónomos, en el sentido de que se estableciera UN SERVICIO NACIONAL DE AMBULANCIA AÉREA, especialmente para ayudar a los Médicos que revestidos de un patriotismo práctico, laboran en lugares aislados y plagados de miseria, rescatando a miles de hondureños de las tenebrosas garras de la muerte.

Limón, Colón, julio 8 de 1963.

Alfonso Lacayo, S.

Corresponsal"

Afortunadamente esa carta hizo impacto y se tendió un puente aéreo para trasladar enfermos graves al hospital San Felipe de Tegucigalpa, el primer paciente que trasladaron fue un joven de 16 años quien tenía tétano, él era hijo del músico del pueblo don Florentino Castillo, pero el muchacho murió; sin embargo ese fue un gran recurso que sirvió para rescatar muchas vidas.

El me informó que en uno de esos viajes que hizo a Tegucigalpa con un paciente grave, le tocó llevar al paciente en su regazo, por lo tanto, no pudo abrocharse el cinturón de seguridad cuando ivan de Limón para Tegucigalpa; pero gracias a Dios que en el viaje de regreso llevava el cinturón abrochado, de lo contrario hubiera perdido la vida, porque cuando pasaron por los campos bananeros, la puerta de la avioneta se abrió repentinamente, el piloto tuvo que aterrizar de emergencia en el Campo denominado El Olvido, para hacer las revisión necesaria y asegurar la puerta de la avioneta, luego continuaron su viaje de regreso a Limón Otro de los problemas que enfrento el Doctor Lacayo, fue el de las enfermeras, como eran enviadas del interior del país, no lograban adaptarse a las condiciones en que vivíamos en ese tiempo y permanecían unos pocos meses, luego renunciaban para regresar a la ciudad, o a sus lugares de origen, quedando el doctor solo atendiendo a los pacientes de toda la zona, desde Corocito, hasta Sangrelaya, lo cual le resultaba demasiado sacrificado, entonces les planteó a las autoridades de Salud Pública, la idea de proporcionar becas para mandar a capacitar enfermeras del pueblo y de la zona con el fin de que regresaran a servir a su comunidad.

La idea fue aprobada, luego con la colaboración del Director de la Escuela el profesor Gilberto Flores y la Profesora Lucrecia Ramos de Velásquez, seleccionaron a las participantes mediante un examen, saliendo con porcentajes más altos, Silberia Bermúdez y Germán Ventura, siendo las primeras enfermeras del pueblo que trabajaron en la clínica de Limón, posteriormente obtuvo tres becas más para las jóvenes Isolina Ruiz, Rita Meléndez y Telma Oliva de Santa Rosa de Aguán.

Cuando las dos primeras enfermas terminaron el curso el Dr. Lacayo les envió una carta que a continuación transcribo:

"Limón, Colón, septiembre 7 de 1963.
Señoritas

German Gutiérrez y
Silberia Bermudez

Tegucigalpa, M.D.C.

Apreciables jóvenes:

He recibido una notificación de la Superiora de la Comunidad de aquel Hospital, y Directora del curso de capacitación en que ustedes han participado, para comunicarme que acaban de terminar dicho curso y que ha quedado satisfecha de la conducta de ustedes. Ya estaba al corriente de esto y me había anticipado a escribirle a ciertas autoridades, tales como al Director Gene ral de Salud Pública y el Decano de la Facultad de Ciencias Medicas (Escuela de Medicina), a fin de que intervinieran para que se le nombrara a una de ustedes por lo menos en calidad de Enfermera Auxiliar de esta Clínica, la cual no tiene enfermeras.

Las cartas se fueron hace una semana, de manera que estoy todavía pendiente de las respuestas. Mientras tanto conviene que visiten al Señor Director del Hospital, solicitándoles una carta, para poder visitar la directora General de Salud Pública o al Señor Ministro del mismo y expresarle el deseo que tienen de volver aquí a trabajar.

Por lo demás las felicito y me satisface que hayan dejado buen nombre, para que podamos seguir disfrutando de estas oportunidades y así formar más gente preparada de que tanto se necesita en estos pueblos. Antes de hacer su viaje seria recomendable que visitaran a Doña Esmeralda Cambiar de Barahona, para rendirles las gracias en nombre de ustedes mismas y el mío. Pues aquella señora, influyó mucho para que lográramos las oportunidades que ustedes han aprovechado muy bien.

Hemos notificado públicamente el triunfo de ustedes y el pueblo entero les felicita po reste medio.

Atentamente,
Alfonso Lacayo S."

CAPITULO VII

El doctor Alfonso Lacayo Sánchez,
es lanzado Pre-candidato a Diputado
por el Departamento de Colón

AL OBSERVAR SUS AMIGOS Y COLABORADORES MÁS
CERCANOS, que había logrado muchos cambios en la comunidad y
en la región trabajando como médico, pensaron que desde un cargo
de gobierno podría lograr mucho más para el desarrollo de estos
pueblos en ese entonces aislados, por lo que lo propusieron como
Pre-candidato a Diputado por Colón, lo cual aceptó.

Surgió en Limón un comité de apoyo y sub-comités en la Ceiba,
San Pedro Sula y Tegucigalpa. Se desarrollo una amplia campaña
a lo largo y ancho del departamento de Colón, siendo recibido por
dirigentes liberales, El Olvido, Saba, Sonaguera, en este último lugar
su correligionaria Doña Dolores Sánchez lo recibió con el entusiasmo
que le caracteriza.

Tuvo bastante ayuda del partido contrario o sea del Partido Nacional
y Algunas personas que anteriormente no se habían metido en política,
asistían a sus reuniones y le prometían su apoyo incondicional como
testimonio del respaldo que el pueblo dió a su campaña política.

Su primo Teófilo Lacayo Ramos, lo acompaño a pie, en bestia, en
lanchas y cayucos, motocarros donde quiera que iba.

También un señor de sobre nombre "La Chanchona", recorrió todo
el departamento de Colón y algunas pueblos de otros departamento
como Yoro y Atlántida, recogiendo firmas, para impulsar su

candidatura, logrando reunir de 6,500 a 7,000 (seis mil quinientos a siete mil) firmas. Es bueno saber que la mecánica de la selección de diputados en ese tiempo se establecía asi:

a) Los consejos locales proponian a sus candidatos.
b) Esa propuesta se hacía ante el Consejo Departamental Liberal de Colón y este elaboraría una lista de pre candidatos.
c) La lista era enviada al Concejo Central Ejecutivo del Partido Liberal en Tegucigalpa, donde seleccionaban a los candidatos.

Con el Dr. Lacayo se perfilaron tres pre-candidatos más, ellos eran Julio Castillo, Armando Maradiaga Muñoz y el Licenciado Brown Flores.

El Dr. Alfonso Lacayo logro el respaldo de los consejos locales de Limón, Santa Rosa de Aguan e Ironía, al igual que el respaldo moral de los demás pueblos, porque los consejos locales no canalizaron las aspiraciones de esos pueblos, debido a una seria de maniobras, que oscilaban desde sobornos, hasta la amenaza por parte de algunos sectores interesados.

Visitaron todos los municipios de Colón, su buen amigo el Señor Héctor Acosta Romero, quien era presidente del Sindicato de Trabajadores de la Standard Fruit Company puso a la orden de la campaña los motocarros para visitar los campos bananeros.

Una vez salieron de Trujillo a Castilla a pie, caminaron dos horas y media, con un gran número de seguidores, se reunieron por la tarde, al finalizar la reunión, la mayoría de su acompañantes se quedaron en Castilla, pero el Dr. Lacayo y su primero Teófilo regresaron a Trujillo en un pequeño cayuco de vela, al llegar a Trujillo, ya había una comisión de San Antonio, Santa Fe y Guadalupe, solicitando su presencia en esas comunidades Garífunas, llegaron a Santa Fe a las diez de la Noche, el pueblo aun los estaba esperando, por lo que se reunieron por dos horas y a las doce de la noche, salieron para Balfate y Río Esteban porque se habían comprometido en reunirse en esas comunidades al día siguiente; la jornada termino a las siete de la noche del día siguiente.

En todos los lugares que visitaron, se hacían asambleas bastante numerosas y el pueblo manifestaba sus inquietudes.

Cuando recorrieron los campos bananeros les sirvió como centro de operaciones la comunidad de Planes y los campesinos lo convirtieron en huésped de honor.

Después de recorrer todos los campos bananeros del sector de Isletas, donde obtuvieron un respaldo total, se dirigieron a Sonaguera, aunque llegaron de noche, siempre se reunieron y la asamblea terminó a la una de la mañana y a esa hora regresaron a Planes. Por circunstancias imprevistas se atrasó el motocarro que había de transpórtalos y él con su comitiva decidieron continuar su viaje a pie.

En vista de que el Dr. Lacayo al igual que sus acompañantes andaban desarmados, el alcalde de Sonaguera Don Juan Martínez, le entregó prestada su pistola, habían caminado unos cuatro kilómetros cuando llego la Cruz Roja Hondureña para transportarlos, les rindió las gracias al señor Alcalde (quien también lo acompañaba) y le devolvió su arma.

Durante todas las giras, los acompañaba también los señores Dolando Gonzáles, Calderini, un héroe del deporte nacional y la señora Dolores Sánchez.

Estuvo fuera de Limón una semana pero antes de regresar envió un pronunciamiento desde la Ceiba, respaldado por la firma de innumerables campeños, mucho de ellos, fueron sus ex—compañeros de trabajo de los campos de San Jerónimo, Culuco, El Cayo de Isletas, cuando estaba tratando de reunir dinero para estudiar.

Hizo exitosas giras por Santa Rosa de Aguan con su primo Teófilo Lacayo y Vicente Bermúdez.

El resultado de la campaña fue que llego el nombre del Doctor Lacayo al Consejo Ejecutivo, agregándolo a la lista de Pre-candidatos a Diputados Propietarios por el Departamento de Colón; los otros de la lista era el Abogado Maradiaga Muñoz y el Señor Julio Castillo.

Mientras tanto en la capital se produjo un movimiento sosteniendo la candidatura del Dr. Lacayo como Diputado Propietario y el Señor Celso Produt como suplente. En el mes de agosto una comisión de estudiantes de secundaria Garífunas, integrada por Feliz Lacayo, Francisco Álvarez Sambulá y Ubences Martines, fueron enviados al departamento de Colón, con la comisión de distribuir boletines y fotos por todos los municipios. Hasta los golpes de estado, que se enseñoreaban en todo el continente como dije anteriormente.

Esos muchachos cumplieron a cabalidad, tropezando con la psicosis anti-comunista que se había apoderado de las autoridades del consejo departamental liberal y los acusaron de comunistas, al grado de que quisieron agredirlos físicamente, tuvieron que ser resguardados al salir de las reuniones que efectuaban para evitar ser atropellados.

Esa actitud anticomunista adaptada por el Gobierno Liberal, era como una medida de autodefensa para prevenir la posibilidad de un Golpe de Estado. Con el triunfo de la revolución Cubana los militares empezaron a tomar el poder mediante golpes de Estado con la idea de sustituir regímenes civiles por gobiernos militares para evitar nuevas revoluciones y en Latinoamérica se desencadeno una guerra fría y con esta política anticomunista se cometieron toda clase de atropellos, llevándose de encuentro muchos patriotas que con sinceridad querían contribuir al desarrollo de nuestro país, fue así como el tres de octubre de 1963, el ejercito bajo la dirección de Oswaldo López Arellano, dio golpe de estado una semana antes de que se llevaran a cabo las elecciones.

El partido Liberal, cuya unidad monolítica pudo haber servido de base para la organización de un frente interno, que pudieran detener el caballo de Troya de los golpes de estado, que enseñoreaban en todo el continente como dije anteriormente.

CAPITULO VIII

El Doctor Lacayo Es encarcelado por
haber participado en Politica.

En Limón se recibió la noticia del golpe de estado con relativa
tranquilidad, pero en eso se supo que Ernesto Lara Licona, un viejo
caudillo de la dictadura del General Tiburcio Carias Andino, había
sido destacado a Trujillo y viajaba hacia Limón, cometiendo toda
clase de crueldad por los pueblos donde pasaba. Al informarse de
sus hechos el pueblo de Limón se movilizó para organizar la defensa
a pesar de encontrarse en estado de Sitio.

Todos los hombres de Limón se armaron de machetes, escopetas,
palos y permanecieron en guardia en lugares de acceso al pueblo
y alrededor de la casa del Doctor Lacayo durante cuarenta y ocho
horas. Mientras tanto el Cabo Cantonal de Limón, el Señor Abraham
Gutiérrez, llego a visitar al Doctor Lacayo, para decirle que las
autoridades militares exigían su presencia en la Ciudad de Trujillo
lo más pronto posible, el día era lluvioso, no había transporte
marítimo, por lo tanto tenía que viajar a pie por la playa y necesitaba
preparativos y acompañantes, por lo tanto no pudo salir de inmediato.
El profesor Teofilo Lacayo prometio acompañarlo.

El 9 de Octubre, mientras el Dr Lacayo hacia los arreglos para
viajar, aproximadamente a las ocho de la noche, tocaron la puerta,
al preguntar quien era, una voz respondio "La Autoridad Militar"
El Dr. Lacayo abrió la puerta y una tropa constituida por veintiun
hombres irrumpio en su casa; latropa estaba encabezada por Ernesto
Lara Licona, quien con los otros soldados encañonaron al Dr. Alfonso

Lacayo, obligandolo a salir de la casa; Lara Licona habia ordenado que se le amarrara, pero otros miembros de la tropa intercedieron para que no se cumpliera esa orden.

Es importante destacar que si esa tropa hubiera entrado a Limón Veinticuatro horas antes, encontrando como realmente estaban, Todos los hombres armados, quizas aquello se hubiera convertido en una completa masacre.

Cuando llevavan al Dr. Lacayo a la carcel, como preso politico, se encontró con el Profesor Teofilo Lacayo Ramos, quien se dirigia a la casa del Dr. para fijar la hora del viaje a Trujillo; a el tambien lo capturaron y lo condujeron a la carcel.

La carcel era algo menos que un gallinero, de los que acostumbraban construir los campesinos, con piso de tierra, lodoso, con las paredes hechas de tal modo, que entre una Madera rolliza y otra habia una distancia de dos a tres pulgadas.

Los mosquitos pululaban de manera infernal, no se le permitio que nisiquiera se le llevara una silla y en un pequeño espacio, permaneció de pie toda la noche.

Atacado por mosquitos con seis personas más, quienes eran: Simeon Norales, Isabel Marin, Teofilo Lacayo y dos personas más de la aldea de limoncito, todos afiliados al Partido Liberal de Honduras.

Al dia siguiente, fueron liberados todos los detenidos, con exepcion del Dr. Lacayo. Temprano en la mañana, llegaron su esposa Isabel Fonseca de Lacayo, acompañada de su hija Gloria Marina a dejarle el desayuno y una hamaca. Los miembros de la comunidad constantemente se acercaban a la carcel para verlo y manifestarle el pesar que sentian por la injusticia que estaban cometiendo contra el.

En la hora del recreo, sus hijos Fabio Rolando y Gloria Marina Pidieron permiso a sus maestros, para ir a la carcel a verlo De donde regresaban con lagrimas en sus ojos.

El Dr. Lacayo no fue victima de tortura fisica, pero si emocional, Porque no hay peor tortura que la privación de la libertad, tanto Más en cuanto que no habíacometido ningún delito;a no ser que Se considere como tal, el hecho de haber trabajado intensamente Yestudiado, para convertirse en medico, y regresar a su comunidad A prestar un servicio que se le habia negado por centurias.

Un jefe de peloton que cuidaba la carcel, paso todo el tiempo en pleito con el pueblo porque la mayoria de los habitants de Limón, dejaron de ir a sus campos de labranza, para permanecer rodeando la cárcel ; Ernesto Lara Licona los amenazaba y los insultaba, pero contra todo eso, hombres, mujeres y niños, aprovechaban su descuido para acercarse y manifestarle su solidaridad.

El once de octubre de 1963, a las ocho de la mañana, se le permitió ir a la casa a despedirse de su familia. En el trayecto pudo saludar a algunos amigos y parientes entre ellos Teófilo Lacayo Ramos, quien no pudo contener las lágrimas, al verlo con soldados armados de ametralladoras y fusiles, como si se tratara de un delincuente.

Luego se dirigieron a la playa, por donde caminaron, hasta llegar a la comunidad Garífuna de Santa Rosa de Aguán. Durante el viaje, logro conversar extensamente con el jefe de la cuadrilla, el Teniente Santos Ortiz, ambos reconocieron, que una circunstancia producida por la historia, los había colocado en las condiciones de ser captor el uno y prisionero el otro, sin que en lo personal, tuvieran nada en lo absoluto en contra el uno por el otro, lograron descubrir que tenían muchos puntos en común y siguieron teniendo relaciones cordiales durante veintiún años.

"Al llegar a Santa Rosa de Aguán, el pueblo sin importarle el estado de sitio, se lanzo a la calle, fue como una manifestación pública; doña María Bernárdez quien fue su niñera, pidió permiso a los soldados para abrazarlo y compuso dos canciones. Aun se cantan sus melodías relativas al medico que abandono todas las comodidades de la ciudad y armándose de un valor cívico regreso a servirle a su comunidad"

También en Limón y en Sangrelaya hubo compositoras de música relacionadas con tan grande injusticia; es porque en nuestra comunidad Garífuna hay talento, contamos con un gran repertorio de compositores, quienes se valen de la música, como un medio para desahogar sus penas."

Se les condujo a una cárcel mucho mas rustica que la de Limón, hecha de caña brava y techo de manaca. Del grupo de personas que se acercaron a la cárcel, uno de ellos, el dirigente del Partido Nacional, Señor Carlos Parks, se dirigió a la tropa y después de hablarles de los servicios que había prestado el prisionero a todas las comunidades Garífunas del Departamento del Colón, cercanas y lejanas a Limón, narrándoles el caso de él a quien el prisionero (Dr. Alfonso Lacayo) había salvado de una grave enfermedad, en nombre del pueblo Aguaneño les pidió que le permitieran conducir al Doctor a una casa que le pudiera servir de cárcel. El Teniente Ortiz acepto la propuesta y en seguida se le alojo en un enorme salón del grupo de danzas "Las voluntarias".

Al igual que en Limón, casi la totalidad de la población, hombres, mujeres, niños y ancianos, llegaron a visitarlo, portando cada personas los más diversos obsequios, porciones de casabe con pescado, queque de coco, pan dulce y catón, especie de postre preparado con yuca aceite de coco y dulce.

Permaneció cuarenta y ocho horas en la prisión casa de Santa Rosa de Agua, no ocurrió ningún incidente de importancia, su pariente y amigo Julián Cacho Lacayo, estuvo detenido con él, tambíen como preso político. Tal era la confianza que los soldados le habían brindando que cuando ellos se iban a caminar por el pueblo, dejaban las armas al cuidado del Doctor Alfonso Lacayo (el prisionero).

El 13 de octubre de 1963, por la mañana salieron hacia Trujillo, siempre a pie, al pasar por la escuela Mixta de Santa Rosa de Agua, ocurrió algo impresionante, dos niños a quienes el Doctor Alfonso Lacayo había curado de diferentes dolencias en Limón, solicitaron permiso a su maestro, para acompañarlo y ayudarle con su maletín hasta Chapagua, situado a unos diez kilómetros de Santa Rosa de Aguan. Los niños tendrían aproximadamente nueves años y ambos se turnaron par ayudarle a cargar el maletín, en que el portaba sus pertenencias; uno era apellido Arauz y el otro apellido Bermúdez, nunca volvió a encontrarse con aquellos generosos infantes, por mas que trato de localizar su paradero, probablemente se encuentran aumentando las filas de los exilados económicos que se encuentran en los Estados Unidos de Norteamérica.

En Chapagua fue embarcado en un cayuco pequeño, en compañía del jefe de la tropa, para cruzar el rio, mientras el resto usó un cayuco mas grande; navegaron bajo un sol que había calentado después de varios días de lluvia. Al llegar a un lugar llamado Chapagua Arriba, les sirvieron el almuerzo, y tanto el teniente Ortiz, como lo soldados, al igual que en Santa Rosa de Aguan, le manifestaron al Dr. Alfonso Lacayo, un gesto de confianza difícil de observar en una relación común y corriente entre captor y prisionero; compartía la mesa con él, y cuando salían, dejaban las armas a su cuidado.

Por la tarde, aproximadamente a las tres, partieron a un lugar llamado La Colonia, de donde fue enviado en la paila de un camión hasta Trujillo, arribando al cuartel de esa ciudad a las 6:30 p.m. bajo una moderada lluvia.

Fue presentado a la Oficina de la Delegación Militar Departamental, el Teniente Villeda; a los pocos minutos, un grupo de aproximadamente diez personas, entre los que figuraban Don Tomás Hernández y don Pastor Oliva, llegaron a verlo, pero coincidió que el Teniente Villeda recibió una contra orden relativa de detención, recomendando que se le diera libertad inmediatamente, y así sucedió. El Dr. Lacayo, acompaño el grupo de amigos y esa noche pudo permanecer en libertad en casa de su amigo Don Pastor Oliva y Doña Carmela Lacayo de Oliva.

Al día siguiente, temprano abordo la embarcación "La Costa", propiedad del señor Daniel Gómez, para su regreso a Limón, anclo en Santa Rosa de Aguan y el pueblo le manifestó su satisfacción por haber recobrado su libertad; lo invitaron a que bajara, pero se excuso, debido a que sentía una mezcla de depresión y fatiga física, como consecuencia de largas caminatas.

Por la tarde llegó a Limón, y la multitud vino a recibirlo, incluyendo el grupo de danzas típicas, con sus tambores lo acompañaron desde la playa hasta su casa.

Al llegar a su casa, encontró un mensaje del Doctor Abraham Riera Hota, ex—maestro del Dr. Lacayo, en la facultad de medicina, con quien hizo practicas en el hospital San Felipe, en el laboratorio de Análisis Clínicos. En el mensaje el Dr. Riera Hota le informaba que lo habían nombrado ministro de Salud Pública del Gobierno Militar, invitándolo a colaborar con el en su calidad de Jefe de Clínica Materno Infantil de Limón. Le garantizaba a cambio, seguridad con su familia; además de ofrecerle mejorar las condiciones de su trabajo en aquella región del país.

El doctor Alfonso Lacayo aceptó la propuesta; efectivamente aumentó, mandaron a capacitar a la enfermera German Ventura como Técnica en Laboratorio de Análisis Clínicos, regresó Tegucigalpa ya con su nombramiento. Estableció el puente aéreo que tantas veces se había solicitado, logrando movilizar enfermos graves desde Limón, hasta el Hospital San Felipe de Tegucigalpa.

En vista de que cuando habían campañas de vacunación, tenían que viajar largas horas a caballo, a Cusuna, Punta Piedra, Sangrelaya y remando a la Aldea de Francia, le enviaron una lancha de motor para dichas campañas y otras tareas relacionadas con sus funciones medicas asistenciales; pero esa lancha nunca llegó a Limón. Después de hacerse una investigación, se descubrió que había pasado al departamento de Gracias a Dios, el Doctor Lacayo mando notas y mensajes a las autoridades de aquel departamento pero la lancha nunca fue recibida. Sin embargo, todo lo anterior imprimió mayor dinamismos a la asistencia médica, a la campaña de saneamiento ambiental y a su labor social.

Después del Golpe de Estado, vinieron preparativos para convocar a elecciones en 1965 y un día una comisión de nacionalistas, llegaron a visitar al Doctor Lacayo, para proponerle se abstuviera de participar en la campaña política por el Partido Liberal, porque todo estaba arreglado, que aceptara la candidatura a Diputado Suplente de Colón, por el Partido Nacional, quienes llevarían de candidatos presidencial al General Oswaldo López Arellano y que contaría con el apoyo del ejercito; el candidato propietario por Colón seria el Ingeniero Ramón Lobo Sosa, quién unos meses después de ganadas las elecciones, este último pasaría al Ministerio de Obras Públicas y Transporte y el supuesto diputado suplente de el pasaría en el Congreso a ser Diputado Propietario.

El Doctor Lacayo desde luego no solo se negó a participar en lo que él catalogo como una "Conjura contra las legitimas aspiraciones democráticas de su pueblo", sino que también les hizo ver que lo que estaban confundiendo con otra clase de personas, (los oportunistas), desgraciadamente muy comunes en nuestro país, reafirmándoles su condición de hombre de principios.

Un alto dirigente local del Partido Nacional de Limón, le aconsejó que no le convenía participar en política y mucho menos haciéndole la oposición al partido Nacional, porque estaban seguros que ese partido ganaría las elecciones con o sin la ayuda del pueblo, es decir mediante la fuerza de fusiles. El Doctor Lacayo le agradeció por exponerle los planes de su partido, además le dijo que su deber era luchar por el Partido Liberal, hasta donde se lo permitieran las fuerzas y así lo hizo.

No tardaron en realizar las acciones de hostigamiento contra los miembros del Partido Liberal. En un velorio que se celebraba de acuerdo a las tradiciones de la Comunidad Garífuna, al Delegado Militar se le ocurrió encarcelar a todos los hombres que estaban participando. El Doctor Lacayo hizo el correspondiente reclamo ante el mismo delegado, y si bien accedió a darles libertad a las personas detenidas, sin embargo no pudo ocultar su disgusto por tal reclamo; parece que todo lo había hecho en forma premeditada, porque conocía de su sensibilidad social y sabía que no le dejaría pasar esas atrocidades.

Otras de las barbaridades cometidas en esos días fue contra un niño capturado en el solar de su escuela, a quien sometieron a torturas, obligándole a hacer flexiones hasta caer desmayado, cuando llamaron al Doctor Lacayo para atender al niño, le reclamo nuevamente al delegado el desprestigio que estaba llevando a la institución que el representaba con esa clase de actuación. Suscitaron varios incidentes en los cuales por supuesto el Doctor Alfonso Lacayo siempre intervenía a favor de los oprimidos, hasta que un día le enviaron una cita para presentarse ante el delegado, en ese momento tenía la clínica a un niño de Sangrelaya, él ahora Maestro de Educación Primaria ErasmoCacho Alvarez, su madre la señora Marciana Álvarez había remado de Sangrelaya a Limón por diez horas, para recibir asistencia médica con el doctor Alfonso Lacayo Sánchez, y ya se estaba recuperando, cuando dieron el Golpe de Estado pero el doctor Lacayo, lo tenía en observación, coincidió que ese día que lo estaba atendiendo llegaron los soldados a citarlo, tuvo que mandarle aviso al tío del niño, Antonio Vargas, para que fueran por él. profesor Víctor Molina Lacayo, me informo que un sábado por la mañana el y otros jóvenes estaban chapeando el campo de fútbol bajo la coordinación de Timoteo Sambulá, cuando doña Evangelista Lacayo de Molina, su madre lo mando a llamar urgentemente con Robustiano Martínez (Alias Boto), cuando Víctor llegó a su casa, su madre le recomendó que se fuera inmediatamente a la clínica para acompañar al Doctor Lacayo, porque los soldados lo andaban buscando; Víctor se fue inmediatamente, al llegar, los pacientes se habían ido solo quedaba la enfermera German Gutiérrez (Ahora viuda de Ventura) y el niño Erasmo Cacho Álvarez, quien estaba esperando a su tío que lo fuera a buscar.

Que entonces el Doctor Lacayo le contó a Víctor que los soldados lo habían ido a citar y le pidió que lo acompañara a su casa, porque estaban cumpliendo años dos de sus hijos que nacieron en la misma fecha, Fabio 4 años y Werner 1 año.

Al llegar a la casa estaba afuera Héctor Ruiz Ramos, entonces el Doctor Lacayo, les dijo a Víctor y a Héctor que por favor le limpiaran el patio y colocaran bancos debajo de un palo de guayaba grande que daba mucha sombra porque les iba a reventar una piñata a sus hijos. Después que hicieron el trabajo, Isabel la esposa del doctor les dio el almuerzo y el doctor se scosto a hacer siesta.

Tanto Víctor como Héctor cuando terminaron de comer se pusieron a leer el periódico, en ese vieron que la gente pasaba y se acercaba, cuando de repente entraron cuatro soldados, dos se quedaron abajo, fuera de la casa y los otros dos el Delegado Matilde Lacayo y el segundo de apellido Moncada, subieron y entraron en la casa, entonces la esposa del doctor Lacayo lo llamó, el salió en pijama y así se lo querían llevar, entonces Isabel de Lacayo, les preguntó que cual era el motivo y el Delegado le contestó que tenía una carta para el Doctor procedente de Trujillo, pero el segundo de apellido Moncada Lanza con gestos amenazantes se tocaba la pistola entonces el Doctor Lacayo, le dijo con estas palabras: "tenga mucho cuidado de agredirme en mi propia casa" entonces el soldado le apunto, inmediatamente su esposa Isabel de Lacayo se colocó en medio de los dos y el delegado Matilde Lacayo apartó al soldado para impedir que usase el arma contra ellos.

Entonces el Doctor le dijo a Moncada que el no estaba hablando con él sino con su jefe y que tenía que respetar a su jefe, pero que si tenía intensiones de matarlo que lo matara, el jefe le respondió que no venían a eso, entonces ellos salieron y le dijeron que fuera a recoger la carta a la oficina a todo eso ya era la una de la tarde, cuando Víctor busco a Héctor, ya había desaparecido.

Aproximadamente a la una de la tarde, el doctor Lacayo se cambio y salió hacia la comandancia con su primo Víctor, el señor Prudencio Ventura, tenía pulpería y el Doctor Lacayo tenía crédito con él, por lo que entró a cancelar su cuenta, luego se detuvieron a hablar con Don Silverio Martínez, seguidamente, fueron donde Mateo Ramos y elDoctor Lacayo le canceló veintisiete lempiras que le debía, a la vez le pidió que lo acompañara a la Comandancia porque lo habían citado, Don Mateo acepto, pero le dijo que estaba solo en el negocio, y que iba a buscar uno de sus hijos para dejarlo vendiendo, en eso llegó el Profesor Teofilo Lacayo Ramos, quien quiso acompañarlo, pero también apareció don Pedro Ramos y el dijo que lo iba acompañar, fue con él, pero le prohibió a Teofilo que fuera, Teofilo se regreso muy triste y el Doctor Lacayo se fue a la comandancia, acompañado de don Pedro Ramos, y Víctor Molina Lacayo.

En cuanto llegaron a la puerta de la comandancia, el doctor saludo y lo recibieron dieciséis hombres armados y el sargento le dijo "Yo no quiero que lo acompañe nadie, que entre solo, mostrando el arma, entonces don Pedro Ramos se fue, el Doctor entro y a Víctor que se había quedado en la puerta, camino hacia atrás, para alejarse sin darles la espalda, solo había dado ocho pasos cuando saltaron hacia él cuatro de los hombres armados, se lanzaron hacia él con la idea de romperle la cabeza, pero gracias a Dios había un cerco, donde encerraban caballos de vagancia, Víctor se refugio en ese cerco, los golpes de lo soldados llovían, pero él los evitaba, en vista de que no lo pudieron golpear, entones le dijeron que pasara a la cárcel; Víctor seguía caminando con la cara hacia ellos nunca les dió la espalda.

En vista de eso uno de los soldados llamado Pedro Villalta le dijo "Parece que eres muy macho e inmediatamente le disparo hacia las piernas, pero Víctor saltó; tres veces más le dispararon y el los evadió. Solo lo tuvieron un rato en la cárcel y luego lo dejaron libre; pero a raíz de los disparos la gente se alarmo y se escucharon gritos y lamentos, porque creyeron que habían matado al Doctor Lacayo,algunas señoras corrieron a la iglesia católica a rezar.

Esa vez lo volvieron a advertir de no continuara haciendo denuncias y reclamos y luego lo soltaron. Algunos familiars y amigos le aconsejaron que saliera del pueblo

CAPITULO IX

El doctor Lacayo se ve Obligado a Salir de Limón Para Preservar su Vida

EL DOCTOR A LFONSO L ACAYO TOMO MUY EN CUENTA LAS recomendaciones de familiares y amistades, y empezó por solicitar una avioneta por el telégrafo, para que se la enviaran de La Ceiba, pero el telegrafista del pueblo tenía órdenes de no transmitirle ningún mensaje al Doctor Alfonso Lacayo. Unos señores de apellido Bodden llegaron en una goleta (embarcación) la cual quiso abordar, pero las autoridades militares, presionaron a los dueños para que no le dieran cupo. Pero con alguien que viajaba en esa goleta mandaron a pedir una avioneta a La Ceiba.

De acuerdo con los datos que me brindó el Profesor Teófilo Lacayo Ramos, en vista de que habían pasado tres días y aún no llegaba la avioneta, el Doctor Lacayo, le dijo "dejo en tus manos la programación de mi salida", entonces el profesor Teófilo buscó un grupo de hombres, el primero que visito fue a Fausto Pablo hermano de doña Santa Arriola, quien había estado en el ejercito y participó en la guerra entre Honduras y Nicaragua en 1956, cuando el profesor Teofilo le propuso que fuera al frente de los que acompañaría al Doctor Lacayo por la playa, el contestó "Yo por el doctor Lacayo haría cualquier cosa." Luego hablo con Baudilio Ruiz, también aceptó; los otros acompañantes eran Florentino Castillo, Isidro Bermúdez, Moisés Moreira.

El doctor Lacayo salió aproximadamente a las once de la mañana acompañado de varios hombres, pero como habían solicitado la avioneta el Profesor Teófilo decidió quedarse así en caso de que la avioneta llegara inmediatamente enviaría a Concepción Pastor a llamar al Doctor Lacayo y sus acompañantes.

Iniciaron el viaje en dos cayucos para cruzar la barra de Limón, apenas estaban cruzando la barra cuando vieron sobrevolar una avioneta, inmediatamente Concepción Pastor fue en una yegua de doña Carmela Pastor a buscar al Doctor Lacayo para que se regresaran el Profesor Teofilo se fue al campo de aviación, y todo el pueblo corrió hacia el campo a ver la avioneta. Teofilo se acerco al piloto y le dijo que por favor esperara al Doctor Lacayo, quien había tratado de viajar por la playa, pero que pronto llegaría, porque lo andaban llamando. El piloto accedió.

Casi todo el pueblo se encontraba reunido en el campo de aviación, rodeando la avioneta y esperando la llegada del Doctor Lacayo, su prima Enriqueta Lacayo de Marín ya había recibido instrucciones del Profesor Teofilo Lacayo para que cuando se bajara Alfonso del caballo, que lo abrazara hasta llevarlo así a la avioneta, efectivamente ella cumplió con su misión y también iba a su lado el señor Ambrosio Castro, el padre de sus amigos José, Candida, Paula, Perfecto, Ambrosio H. y sus compadres Simeón y Teodora. El señor Ambrosio Castro H. además de acompañarlo con Enriqueta hacia la avioneta también le entregó un rosario que había sido bendecido por el Sacerdote Simón Barud, como un apoyo espiritual.

El Profesor Teofilo Lacayo a su vez tenía alrededor del campo a dieciséis jóvenes,(Justo Mejia me informó que el era uno de esos jovenes)dispuestos a cualquier cosa, es decir en caso de algún gesto de represión en contra del Doctor Lacayo en ese momento.

Todo esto sucedió alrededor de las doce y media y una de la tarde del primero de febrero de 1965. al llegar a la avioneta, el Doctor Lacayo, desde la puerta pronunció un discurso despidiéndose del pueblo, diciéndoles que se sentía frustrado al no poder continuar prestándoles sus servicios médicos y haciendo labor social al pueblo, que esperaba que esos hombres de bayoneta, lograran hacer el trabajo que tenía planeado para el pueblo.

El piloto y dueño de la Empresa Aérea (LACSA) era norteamericano al enterarse del problema, le preguntó al Doctor Lacayo, que cómo haría para sobrevivir, ya que estaba dejando su trabajo, el Doctor Lacayo, le contestó que no tuvo dificultad para sobrevivir en los tiempo que era un simple vendedor de leche, cargador de bananos en la Standard Fruit Company y barriendo en los colegios para cubrir los gastos de su educación, no digamos ahora que ya era médico. Salió con la preocupación de dejar a su familia, sin embargo no tomaron represalias contra ellos; y un mes después viajaron y se reunieron con el en Tegucigalpa.

Al llegar a La Ceiba, el Doctor Lacayo, se hospedo en el Hotel Boston y al día siguiente, (2 de febrero de 1965), visitó a su amigo y colega el Dr Rafael Pavón, a quien le planteó su situación y le explicó que no tenía dinero para continuar su viaje; el Dr. Rafael Pavón le presto dinero y se fue por avión para Tegucigalpa, el 3 de febrero.

Ya puesto en Tegucigalpa, vivió en la casa de la Familia de su madre de Crianza doña Natividad García, su hija Martha quien estudiaba en la Escuela Normal de Señoritas; sus hermanos Nery Clemente, Antonio, La Dra. Justa y su esposo Óscar. En ese tiempo vivían en la cuarta calle de Comayaguela, cerca de la policlínica, pero luego se trasladaron para el Barrio Lempira.

En ese año llego un Jamaiquino de los Estados unidos llamado James Smith que se hospedo en la casa de la familia

El Patronado Nacional de la Infancia y el Ministerio de Salud Pública, le ofrecieron traslado, pero el Doctor Lacayo rechazó todo nombramiento, para no seguir prestando sus servicios a un régimen surgido de la violencia y que estaba atropellando los derechos del pueblo, a tal grado de asesinar personas indefensas.

Quería ubicarse en un plano de oposición organizada frente al régimen, para lo cual hizo contacto con los dirigentes del Partido Liberal, cuyo Presidente era el Doctor Adolfo Pastor Zelaya; pero no llegaron a ningún acuerdo.

En vista de los atropellos sufridos, decidió trabajar independientemente, pero quería escoger una comunidad pequeña en el interior del país, porque aunque ya habia efectuado su Examen Privado, aun le faltaba el examen público (lectura de la tesis), eso le inhibía montar una clínica en la capital, aunque en el barrio Lempira, donde vivía, los vecinos ya empezaban a solicitar sus servicios.

Visitó primeramente el oriente de Honduras, Danlí, El Paraíso y el Valle de Jamastrán en el departamento del Paraíso; sin embargo los amigos médicos que le sirvieron de contacto en esos lugares, en una forma muy cortes, le explicaron la inconveniencia económica de establecerse en esa zona.

CAPITULO X

El doctor Lacayo se Traslada a la Pintoresca y Acogedora Ciudadde San Marcos de Colón,Departamento de Choluteca

A SU REGRESO SE PREPARO PARA VIAJAR AL SUR DEL PAÍS, específicamente a San Marcos de Colón, en el departamento de Choluteca; su visita en esa ciudad duro dos días, Visitó a Don Juan Valladares y su esposa Doña Esmeralda; Se hospedó en el "Gran Hotel", propiedad del señor Ángel Vásquez y su esposa doña Conchita de Vásquez.

En San Marcos de Colón el Doctor Alfonso Lacayo encontró un ambiente muy receptivo, prácticamente se sentía como en su propio pueblo. En los veinticinco años que vivió en Tegucigalpa, y en sus años de estudios universitarios, logró conocer muchas personas de San Marcos de Colón, entre ellos al Doctor Óscar Jacobo Carcamo, Carlos Sánchez, su madre Mercedes Espinal de Sánchez era hermana de Doña Inés de Plata, su esposa Yolanda, todos ellos le alentaron la idea de establecer su clínica en esa ciudad.

En esos días también logró conversar con el fotógrafo don Gilberto Larios, hermano del Dr. Larios, uno de los primero radiólogos que tuvo Honduras. Durante su conversación con el señor Gilberto Larios pudo notar su basta cultura general, sin haber ostentado ningún título académico, el Señor Larios abordó con el diferentes temas, en los cuales se desenvolvía quizás igual que alguien que hubiese egresado de la universidad.

Luego volvió a Tegucigalpa para iniciar los preparativos del traslado e instalación en San Marcos de Colón, una ciudad con aproximadamente nueve mil habitantes en aquel entonces (1965), en la que prestaban sus servicios cuatro médicos.

El mobiliario para la clínica se lo hicieron don René Teodoro y don Juan Valladares, fue un trabajo casi regalado.

El doctor Lacayo dió instrucciones a su esposa para que diez días después viajara con su hijo Werner a San Marcos de Colón, mientras sus hijas Marta y Gloria, quedaban bajo la responsabilidad de su madre de crianza la Señora Natividad García, en Tegucigalpa, mientras terminaban el año escolar.

Después de instalarse en San Marcos de Colón, viajó a Limón, con su primo Félix Lacayo, para entregarle algunas pertenencias que había dejado alla, consistente en siete manzanas de tierra cultivadas de banano, varios cerdos, gallinas y un venado. También aprovechó para devolverle a Don Ambrosio Castro el Rosario que le prestó en el campo de aviación cuando se vio obligado a salir de Limón.

Solicitó en Tegucigalpa, un préstamo de L. 1,500.00 (Mil Quinientos Lempiras), antes de partir, también el señor James Smith le entregó un cheque en dólares, desconozco la suma por la que estaba valorado, para que en su viaje le comprara oro, porque en los Estados Unidos se había informado, que en este sector del país (Colón y Gracias a Dios,) se conseguía oro barato. Efectuaron el viaje por tierra, en San Pedro Sula se le unió el Profesor Teofilo Lacayo, quien lo acompaño hasta Tela.

Su llegada a Limón, coincidió con la llegada de los Estados Unidos de su compadre y amigo de infancia el señor Simeón Castro, acompañado de su hija Rogelia y de Mercedes Gómez la hija del Doctor Lacayo, a quien había puesto el nombre de Zoila Esperanza Lacayo, y que fué adoptada por su tío.

Tenía planes de permanecer algunos días en Limón, pero el Doctor Rodolfo Jiménez, un ex compañero suyo, aterrizó en su avioneta particular, quien lo invitó a viajar con él a Tegucigalpa pasando por La Ceiba.

Su compadre Simeón Castro Rivas, mientras tanto, había alquilado un goleta para trasladar de Limón a La Ceiba a Casilda Sambula (Madre de Gloria y Lombardo, sus hijos) para que Lombardo fuera bautizado. Fue en esa oportunidad en la que el doctor Jiménez y el Señor Simeón Castro lograron conocerse e iniciaron una amistad que perduró.—A falta de la verdadera madrina la Señora Evarista Castro, quien no había podido viajar de New York a Honduras, su hija Rogelia ahora Señora de Güity hizo el papel de madrina.

Después del bautismo su compadre Simeón Castro regresó con Casilda y Lombardo para Limón, y el doctor Lacayo con el doctor Jiménez continuaron su viaje a Tegucigalpa y luego, el doctor Lacayo se fué a la pintoresca ciudad de San Marcos de Colón, donde encontró un ambiente acogedor.

Empezó a trabajar en junio de 1965, los pacientes eran tantos que no lo dejaban culminar los últimos detalles de la instalación. Fue una tarea bastante dura, porque trabajaban sin horario. El consultorio estaba en la misma casa de habitación que consiguió alquilada con el señor Ramón Osorio. Cobrara tres lempiras por consulta en la clínica y cinco lempiras a domicilio.

Viajaba a Duyure, Minas de Cacamuya, Morolica, El Banquito, San Francisco, Chiclayo y Comali (todas las aldeas pertenecientes a San Marcos de Colón) a atender pacientes graves, algunas veces lo mandaban a llamar por la madrugada y eran viajes hasta de doce horas de trayecto ida y vuelta, al regreso de nuevo a San Marcos de Colón, encontraba su consultorio lleno de pacientes, no había otra alternativa que continuar trabajando hasta terminar su jornada, con el tiempo esa situación lo llevo a un estado de agotamiento, que se vio obligado a viajar cada dos meses a Tegucigalpa por tres días a descansar, aprovechando para comprar medicamentos y a la vez abonar a las cuentas que tenia pendientes.

Sin embargo cada vez que decida viajar, parecía que los pacientes presentían y se multiplicaba mucho más el trabajo, tanto así que le tocaba trabajar todo el día, hasta las cuatro de la mañana del día siguiente, solamente se tomaba una taza de café y viajaba.

Tenía como enfermera a su esposa Isabel de Lacayo, y como laboratorista al Señor Aurelio Paz. A pesar de los bajos honorarios, en un año logro pagarle al Banco de la Capitalizadora Hondureña, S.A. (BANCAHSA) los L. 1,500.00 (Un Mil Quinientos Lempiras), que había prestado para instalarse, también logro comprar un buen televisor y una camioneta tipo Willys, modelo 62, con la Empresa CAMOSA por L. 3,000.00 (Tres mil Lempiras), el mecánico Limoneño César Flores Mena le enseñó a manejar. Trasladó a sus hijas Marta y Gloria de Tegucigalpa, a San Marcos de Colón para continuar sus estudios en el Instituto Departamental Lempira.

En enero de 1966, nació su hijo Mauner, ese día llegaron a visitarlo varios colegas de Tegucigalpa, ellos eran el Doctor Harol Casco, Cardiólogo quien acostumbraba llegar los domingos para colaborar con él, tambien el Doctor Francisco Zepeda, Pediatra, y les acompañaba la madrina de sus hijos Werner y Lenín Ernesto, Doña Georgina de Zepeda.

La costumbre de atender los partos de su esposa le salvo la vida a su hijo Mauner por haber sido un parto difícil con sufrimiento fetal, les tomo bastante trabajo rehabilitarlo, pesó diez libras al nacer.

También en 1966 escribió su Tesis en las pocas horas libres que le quedaban, la señorita Rina Francisca Rodríguez fué la secretaria que le pasó la tesis en limpio. Además escribía artículos para los diario El Pueblo, (cuyo director era su buen amigo el doctor Carlos Roberto Reyna), y para El Cronista y El Día.

El 6 de agosto de mil novecientos sesenta y seis leyó su tesis, a la cual puso el titulo de "LA MEDICINA SOCIALIZADA Y SU APLICACION EN HONDURAS", la mandó a imprimir en la Imprenta Calderón, donde una vez siendo estudiante, trabajó como vigilante para financiar sus estudios.

Los actos del exámen público se llevaron a cabo en el paraninfo de la Universidad Nacional Autónoma de Honduras y su amigo José Lino Álvarez Sambulá, hizo todos los preparativos para la fiesta, la cual se llevó a cabo en el Hogar Químico Farmacéutico de Tegucigalpa.

Desde 1938 que terminó su primaria; después de toda clase de humillaciones, luchas, sacrificios y venciendo un sin número de obstáculos, como el de no contar con padre o familiar que mensualmente le costeara sus estudios, al Doctor Lacayo le tomó veintisiete años hacer su sueño realidad.

En enero de 1967 el Doctor Alonso Aguilera Ponce, lo nombró padrino de su graduación, para cumplir con tal compromiso, salió de San Marcos de Colón a las cinco de la mañana, con su hija Norma, quien permanecía en Tegucigalpa pero había estado unos días de vacaciones en San Marcos, después de una jornada de trabajo hasta las dos de la mañana, por consiguiente le tocó manejar desvelado.

Al llegar a San Lorenzo en el departamento de Valle, se Detuviron unos minutos, para saludar a su amigo el Doctor Luís Díaz Maestre, con quien tomo una taza de café, luego continuó su viaje, pero por no haber dormido suficiente, manejaba con mucha dificultad, con frecuencia se dormía sobre el timón, y algunos kilómetros antes de llegar a Cerro de Hule Francisco Morazán, se estrelló contra un paredón, y al querer maniobrar, el carro se dió vuelta.

En el camino unos campesinos le pidieron que los condujera a Tegucigalpa, el aceptó llevarlos, pero afortunadamente no sufrieron ningún daño físico. A los pocos minutos del accidente llegó un bus lleno de maestros que venían de Tegucigalpa, de un curso de profesionalización, entre todos ayudaron a darle vuelta al carro y a pesar de los destrozos, logró encenderlo y moverlo unos cuantos kilómetros, para colocarlo cerca de la casa de unos amigos campesinos, el accidente sucedió a las nueve de la mañana. Continuaron el viaje en autobús, y pudo llegar a Tegucigalpa a tiempo, para participar en la ceremonia de graduación; a pesar de una fuerte contusión que sufrió en la mano derecha. Cada vez que sus colegas y amigos lo saludaban con un apretón de manos, sentía un gran dolor, pero simplemente se encogía de hombros.

El doctor Alonso Aguilera Ponce estuvo en Limón los primeros meses de su servicio social, luego se traslado a la Montaña de Guano, ubicada en una región fronteriza con Nicaragua, donde hizo un importante estudio sobre Lehismaniasis, organizando brigadas médicas y su tesis la basó en ese estudio.

Al día siguiente de la graduación del Doctor Alonso Aguilera Ponce, el Dr. Lacayo se puso de acuerdo con su inseparable amigos el Dr. Rodolfo Jiménez, para ir a recoger el carro y trasladarlo al taller del señor Jorge J. Larach, después de dos meses regreso por el carro a Tegucigalpa, el cual quedó como nuevo.

Siempre siguió cooperando con Diario El Pueblo. Escribió un artículo, denunciando ante el Congreso de la República de Honduras el asesinato del ciudadano Garífuna Eusebio Bermúdez en Limón, Colón, por parte de un agente de la fuerza de seguridad pública. También hizo una denuncia ante la opinión pública a través del diario El Cronista, de más de ciento diecisiete asesinatos, por miembros de la Fuerza Pública y elementos para-militares denominados "Mancha Brava" que estaba al servicio del Gobierno.

A finales de 1967 viajó de vacaciones a Costa Rica, acompañado de su esposa Isabel quien es originaria de ese país Centroamericano y con sus hijos Gloria, Fabio, Werner y Mauner. El viaje lo efectuó en dos días, les tocó dormir en Rivas Nicaragua y Liberia Costa Rica. Pudieron haber echo el viaje en menos tiempo, pero con frecuencia se detenían a contemplar los bellos paisajes naturales por los que pasaban; en esos intervalos de descanso encontró en Costa Rica unos señores que lo invitaron a pescar, mientras que el resto de la familia dormía en el carro.

Se hospedaron donde su cuñada la Señora Ana Fonseca de Castro en el Barrio Dorado de Curridabat cerca de San José la Capital de Costa Rica. Visitaron Heredia, el Volcán Irazú, la Iglesia de Los Ángeles, donde tuvo la grata sorpresa de encontrarse con el Padre Mario Morera quien fue el Di- rector de Instituto Salesiano San Miguel cundo le dieron la oportunidad de continuar y terminar su secundaria.

Después de dos semanas de vacaciones en Costa Rica, regresó a San Marcos de Colón, a su rutina de trabajo.

En 1969 fue la guerra entre Honduras y El Salvador, cuando estalló la guerra el se encontraba en Tegucigalpa con su esposa, dejando en San Marcos de Colón a sus hijos, Fabio y Gloria, bajo el cuidado de Doña Esmeralda Valladares y algunos vecinos. Ese mismo año nació su hijo Lenín Ernesto en el mes de septiembre.

Del 22 de julio al 5 de agosto de 1970, asistió a un seminario sobre estructura y funcionamiento de las organizaciones políticas, en la Catalina, Santa Bárbara de Heredia, Costa Rica, representando a Honduras con el Lic. Alberto Figueroa con la participación de todos los países latinoamericanos. Tuvo la oportunidad de conocer y cambiar impresiones con el Abogado Materno Vásquez, destacando dirigente Político de La República de Panamá.

En septiembre del mismo año 1970 nació su hijo Helder Patricio Lacayo.

En los seis años que permaneció en San Marcos de Colón, recibió la visita de varios pacientes de las comunidades Garífunas de Limón y Santa Rosa de Agua, entre las que recuerdo están las señoras Florencia de Castro, Doña Fausta Ramírez quien después fue alcaldesa de Limón, Lucila Bermúdez, Inés Reyes de Ordóñez, Jerónima de Blanco, la madre del Profesor Celestino Bermúdez y el Señor Julián Bermúdez, quien desafortunadamente llegó muy grave y murió, fue enterrado en San Marcos de Colón.

El Doctor Lacayo, contaba la anécdota que siendo estudiante de medicina, cuando estaba en segundo año, una vez fue a visitar la familia en La Ceiba, sus hermanas Justa y Felicia, eran adolescentes y las invitó al cine a ver las película "Por quien doblan las campanas", de la obra de Ernest Hemingway en la cual presentaban la escena de un parto, sus hermanas se sintieron ruborizadas en el momento de la escena y se taparon la cara entonces el Doctor Lacayo les preguntó que por que se tapaban la cara; ellas contestaron que sentían pena y él les dijo: "No tengan pena, eso es algo natural y algún día ustedes van a ser madres y quizás para ese tiempo yo ya sea médico y me va a tocar asistirlas en el parto" a lo que ambas contestaron "Uy no Foncho".—Efectivamente por diferentes circunstancias, le tocó asistir a la Profesora Felicia cuando dió a luz a su hijo Wilmer en Limón y a la Doctora Justa cuando dió a luz a su hija Dinora Lizeth en San Marcos de Colón, el cual fué un parto difícil y tuvo que pedir colaboración de sus colegas el Dr. Rubén Rodríguez y el Dr. Óscar Carcamo.

Esos mismos colegas en una madrugada después de esas sus largas jornadas de trabajo, acudieron en su ayuda, porque sufrió un micro infarto, su esposa inmediatamente, despertó a sus hijos Gloria y Fabio para que avisaran a sus vecinos, y los dos vecinos más próximos (don Salomón Vásquez y don Ramón Osorio), se movilizaron en su carros para ir a llamar a ambos doctores y a la enfermera Alemena de Hernández, quien había sido su enfermera en Limón, en 1963, a Dios gracias después de que el Dr. Rubén Rodríguez con la ayuda del Dr. Oscar Carcomo lo atendieron y aplicaron masajes, en un par de horas estaba recuperado y listo para continuar su labor al día siguiente.

Solía también recibir la visita de parientes y amigos, como sus hermanos, Antonio Lacayo, Clemente Lacayo, Nery Felipe Lacayo su madre de crianza Natividad García, sus primos Felix Lacayo, Teofilo Lacayo, quien permaneció unos meses con él, sus amigos el Dr. Pierre Beacage, Lic. José Lino Álvarez Sambula, Dr. Ferguson, Lic. Zelaya, el cantante de Roatán Charles McField y un sin número de colegas especialistas que llegaban a colaborar con él los fines de semana.

CAPITULO XI

El Doctor Lacayo se Traslada
a la Ciudad de La Ceiba

POR DIFERENTES RAZONES Y DEPUSES DE SEIS AÑOS
DE permanecer en San Marcos de Colón, en febrero de 1971 tomó
la decisión de volver a la Costa Norte, específicamente a la Ciudad
Puerto de La Ceiba, donde al principio trabajó ad—honoren en el
Hospital Atlántida Integrado, eso le ayudó a ganar clientela, Luego
instaló su clínica a una cuadra de dicho hospital, su buen amigo el
Dr. Rafael Pavón le ayudó a encontrar local y su hermano Virgilio
Arriola le hizo las divisiones y todo el trabajo de carpintería.

Al principio solo lo acompañaba su hijo Fabio, pero tres meses
después, consiguió alquilar una casa en Barrio Solares Nuevos, y
trasladó al resto de la familia; recibía pacientes de toda la región
(Islas de la Bahía, Colón, Yoro, Gracias a Dios, parte de Olancho y
del resto del departamento de Atlántida).

Así como en San Marcos de Colón, también trabajaba largas
jornadas de ocho de la mañana a diez y algunas veces hasta las
once de la noche, tanto en su consultorio como visitas a domicilio y
siempre que remitía pacientes a los hospitales Atlántida y Dantoni,
también los iba a chequear allí.

Siempre agradecido con aquellas personas que le tendieron la
mano para ayudarle en sus luchas de superación, fue a visitar al
señor Lalo Bertot, quien vivía en el Barrio Independencia y ya se
encontraba enfermo, le pidió al Doctor Lacayo que fuera su médico
de cabecera, fue así como por aquellas extrañas circunstancias de

la vida, después que como adolescente, Don Lalo Bertot lo recibió en su casa descalzo y que no sabía donde ir a vivir y le dió trabajo de vendedor de leche en su hacienda ahora, le abre nuevamente las puertas de su casa y lo invita a trabajar con él, pero esta vez como su médico, a lo cual el Doctor Lacayo gustosamente aceptó, y estuvo bajo su cuidado hasta que en 1973 falleció y en compañía de su familia el Dr. Lacayo asistió a su entierro.

Al poco tiempo de vivir en La Ceiba, logró observar un alto índice de discriminación racial, sobre todo en las barberías de esa ciudad no permitían que los negros usaran sus ser vicios así que tuvo la idea el Doctor Lacayo de formar un grupo y fundar el Comité Regional de los Derechos Humanos, la primera reunión la efectuaron en el Barrio La Barra en casa de su madre de crianza la señora Natividad García, el profesor Fidencio Bernárdez originario de Ciriboya era el Secretario provisional quien redactó el acta constitutiva, en base a la cual la organización logró su reconocimiento y pudo denunciar muchas anomalías.

Después se eligió la directiva en propiedad, en la cual el Dr. Lacayo era el Presidente, Don Basilio Arriola Secretario, Don Santos Centeno Tesorero, contando con el apoyo de algunas instituciones como la Universidad Autónoma de Honduras específicamente el Centro Regional del Litoral Atlántico, la Organización Nueva Juventud Coloneña, Nueva Juventud Limoneña, Sociedad 15 de Septiembre y los Sindicatos de Obreros.

El primero de mayo de 1972, el Doctor Alfonso Lacayo Sánchez pronunció el siguiente discurso en el Parque de La Ceiba:

"COMPAÑEROS TRABAJADORES VISTA LA GRANDE NOBLE CAUSA POR LA QUE ME APRESTO A MORIR MI RUTA AL CADALSO SERÁ FÁCIL, ESTOY PERSUADIDO DE QUE NUESTRA EJECUCIÓN, AYUDARÁ AL TRIUNFO DE NUESTRA CAUSA"

En estos términos se expresó Adolfo Ficher, horas antes de ser ahorcado el 11 de noviembre de 1887 con Luis Lingg, Alberto Parsons, Augusto Spies y Jorge Engel. Los que han sabido morir por las grandes causas de la humanidad como Cristo, Ghandi, Galdano Bruno, Marti, Morazán, etc., jamás se han equivocado, se han equivocado siempre aquellos que han considerado que la cárcel, la represión brutal, las detenciones en masa, el estado de sitio, el patíbulo y el pelotón de fusilamiento, podrán parar la marcha irreversible de la humanidad, hacia formas de vida más justas y más en armonía con la dignidad del hombre civilizado.

EL COMITÉ REGIONAL PARA LA DEFENSA DE LOS DERECHOS HUMANOS, con sede en esta ciudad, viene por mi medio a esta tribuna, para dirigirle un fraternal saludo a la clase proletaria, como un sincero tributo a los esfuerzos que en forma cotidiana, realiza para producir las riquezas en que debería sustentarse el desarrollo económico y social de Honduras.

El momento es propicio para hacer algunas de las reflexiones sobre Condiciones que niega los derechos fundamentales, como una vivienda decente, fuentes de trabajo, alimentación, servicios médicos oportunos y de buena calidad.

Los estudiosos de las ciencias económicas y sociales han traducido esa realidad, al lenguaje de las cifras y la elocuencia de los números, nos dicen que más del 80 por ciento de las viviendas en Honduras, no reúnen las mínimas exigencias de salubridad y comodidad.

Sobre el significado de la fecha que hoy se celebra, con relación con el momento histórico que vive nuestra patria, adoptada en lo que en apariencia seria la antesala del caos, pero que en realidad representa un periodo de transición a la infalible ley de los cambios.

A nadie escapa por tratarse de una experiencia vivida todos los días, la situación de miseria en que se debaten los habitantes de los barrios de nuestras ciudades, los caseríos y aldeas de nuestras montañas, atrapados por un sistema violentamente injusto, que nos niega las condiciones indispensables para una existencia normal; no llegan al 52 por ciento de la población escolar los niños que asisten a las escuelas elementales; 13 de cada cien jóvenes comprendidos entre los 14 y 19 años, asisten a las escuelas secundarias y uno y medio por ciento de jóvenes entre 19 y 25 años logran asistir a la universidad. Sólo 25 de cada cien hondureños están en capacidad de costear sus propios servicios médicos, la desnutrición crónica ha generado la idiosincrasia peculiar que se traduce en pereza aparente, susceptibilidad para contraer enfermedades irreversibles en el cerebro, que se manifiestan en bajo rendimiento intelectual y trastornos de la conducta.

El ingreso promedio de nuestros obreros y campesinos es de cuatrocientos sesenta lempiras al año, tal condición de miseria

contrasta con el hecho desconcertante de que el diez por cientos de la
población tiene un ingreso familiar de quince mil lempiras anual, esa
es la clase rica, la clase dominante, la clase gobernante compañeros.

No tardaron las represalias, sobre todo los atentados y una
cadena de acontecimientos que sembraron la inseguridad y la
zozobra especialmente en el ejercicio de su profesión; al grado de
tener que denunciarlos públicamente y buscar auxilio con el Colegio
Médico mediante una carta dirigida a esa institución que vela por los
intereses de sus miembros.

Ese año hubo Huelga en el Centro Universitario del Litoral
Atlántico (C.U.R.L.A.) e incluyeron el nombre del Doctor Alfonso
Lacayo entre las personas que motivaban su protesta, colocando
en el edificio de las oficinas de Telecomunicaciones un cartelón,
insinuando su expulsión de la ciudad.

El 20 de agosto del mismo año 1972, pintaron las paredes de
su consultorio de consignas amenazantes, consistentes en figuras
que simbolizaban la muerta y un escrito que se leía "LACAYO
COMUNISTA".

El seis de Septiembre un grupo de individuos no identificados
violentaron la puerta de su consultorio, con el único objetivo de
dejarlo imposibilitado para seguir trabajando, arrasaron con todos los
implementos médicos, incluyendo el equipo que le dieron en 1962
cuando egresó de la Escuela de Medicina, el microscopio y hasta la
última aguja hipodérmica, llamándole la atención al Dr. Lacayo que
no se hayan llevado un dinero que había dejado en la gaveta de su
escritorio.

Afortunadamente, sus buenas relaciones con las casas
comerciales le permitieron mediante crédito reinstalarse y volver a
sus labores una semana después. Con frecuencia llegaban personas
dignas de su confianza a su consultorio a advertirle que se cuidara
porque había una lista de cinco estudiantes y profesionales amigos
del Licenciado Virgilio Carias, entre los que figuraba el Dr.Alfonso
Lacayo Y que serían asesinados.

Además que las personas influyentes de la ciudad opinaban que
la presencia del Dr. Lacayo en La Ceiba estaba generando conflictos
y que la huelga de los trabajadores de las compañías bananeras en
1954 había surgido bajo su inspiración.

En vista de que siempre su consultorio permanecía lleno de pacientes generalmente terminaba de trabajar a las diez de la noche, así fue como el 19 de septiembre mientras algunos pacientes aún esperaban y dos visitadores médicos también; dos personas desconocidas pero bien armadas, entraron en su consultorio diciendo con voz arrogante "Dónde esta el Doctor Lacayo,? queremos hablar con él," entonces le recomendó a su esposa que les explicara que se encontraba en ese momento examinando un paciente pero que al terminar platicaría con ellos, estuvieron unos minutos esperando, pero se notaban muy nerviosos miraban a todos lados y finalmente se fueron.

Siempre en el mes de Septiembre, una madrugada, entraron al patio de su casa tres hombres armados, mientras afuera los esperaba un automóvil, estos tres extraños rodearon su casa, entonces el Dr. Lacayo despertó a su familia y les dió instrucciones de lo que tenían que hacer, luego con voz enérgica les dijo "Qué es lo que hacen a esta hora en mi patio?, si es que quieren matarme aquí estoy", inmediatamente salieron corriendo mientras disparaban al aire, se subieron al carro y desaparecieron.

A raíz de todos esos atentados, un buen amigo suyo el Señor Celestino Martínez al igual que muchos familiares le recomendaron que mejor se retirara de esos movimientos sociales y se dedicara a su familia. Siguió el consejo y fue así como empezó por comprar una casa en el Barrio El Imán de La Ceiba, cerca del Estadio, también compró dos propiedades, una la compro en Lauda, cerca de Limón, se la vendió el Señor José Gómez, la dedicó a la ganadería y la llamo "Rancho Trinidad", en memoria de su abuela paterna la señora Trinidad Arriola, quien cuidó de el en sus primeros años de vida, hasta los trece años, la otra propiedad a unos pocos kilómetros de La Ceiba, en la aldea El Perú; la compró con el señor Lisandro Rubí, la cual estaba cultivada de piña con una quebrada, de por medio.—en ese lugar cultivó yuca, cítricos (naranjas y mandarinas), café, cacao, plátanos y en la quebrada tuvo una cría de tilapias por un tiempo hasta que una inundación ocurrida en 1976 arrasó con el muro que había mandado a poner y se llevó las tilapias; también tuvo un apiario que ya le producía dos barriles de miel al año, vendía miel de abejas en la región y hasta al extranjero. También era el lugar donde acudía los domingos a descansar con su familia.

En 1973 el personal docente del Instituto María Regina lo invitó a pronunciar un discurso en la ceremonia de graduación. Después de saludar a todos los presentes felicitó a los jóvenes que se graduaban de bachilleres y luego les hizo ver algunos puntos de la realidad nacional, con varias citas históricas y una pequeña explicación de la dependencia a que nos hemos sometido siempre como uno de los más grandes promotores de nuestro atraso.

Fue un discurso de tres páginas pero en todo el tiempo de su participación, los presentes estuvieron muy atentos, porque como en otras ocasiones, hacía de sus participaciones, verdaderas cátedras, que invitaban a reflexionar a los asistentes, especialmente cuando se trataba de la juventud.

Cuando el Señor Simón Guity con su esposa regresaron de los Estados Unidos, para instalar en La Ceiba una escuela de Electrónica, con estudiantes de ambos sexos, invitaron al Dr. Alfonso Lacayo a pronunciar un discurso en la inauguración de la misma. En su participación hizo elogio de la actitud de esa pareja de empresarios, por haber regresado a compartir sus conocimientos con los jóvenes de nuestro país.

También participó en la inauguración del Supermercado Palmira, como invitado especial pronunció un discurso

A fines de julio de 1977 una organización integrada por los Garífunas de Punta Gorda residentes en New York, le propusieron que fuera a prestar sus servicios a sus conciudadanos de escasos recursos que habitaban en ese sector insular donde llegaron los primeros Garífunas procedentes de San Vicente, aceptó gustoso y acompañado de su hija Gloria salieron del aeropuerto Golosón hacia Roatán y de Roatán en carro a Punta Gorda, el primer lugar donde desembarcaron nuestros primeros antepasados Garifunas Cuando fueron deportados de San Vicente o Yurumei.

Desde que llegamos a las diez de la mañana a Punta Gorda empezamos a atender pacientes hasta las diez de la noche, apenas pudimos tomar unos minutos para almorzar y cenar, y después el Dr. Lacayo fue a la Isla de Oak Ridge a atender un paciente a domicilio. Los tres días tuvimos el mismo horario, logrando atender un buen número de pacientes.

La organización antes mencionada presidida por el Señor Julián Tomás Ávila nos financió el viaje, incluyendo pasajes, hospedaje, alimentación, medicinas y honorarios.

Dos veces intentó asociarse con otros médicos con la idea de construir un hospital en La Ceiba, incluso ya estaba en gestiones de comprar un terreno cerca de la Escuela Episcopal.

Primeramente se asoció con el Dr. En Microbiología Zuniga y el Dr. En Medicina Sandoval planearon por lo tanto que la clínica llevara el nombre de "ZULASA" (Zuniga, Lacayo, Sandoval)

También se asoció con el Dr. Midence, el Dr. Homer Kawas, Dr. Jose María Reyes Matta, Dr. Ricardo Maloff, fundando lo que llamaron CLÍNICAS MÉDICAS CEIBEÑAS que funcionó contiguo al edificio de la Aduana.

Después de esos intentos de trabajar asociado, optó por seguir practicando la medicina en su consultorio, estableciéndose primero en una de las casas de un señor italiano apellido Fratini y luego en otro local frente al Instituto San Isidro, cerca del Estero; allí tenía su consultorio cuando murió.

Mientras vivía en La Ceiba, nacieron sus hijos Dino Alfonso en 1972, Indira Isabel en 1973, Delmy en 1974, Eraclito en 1978 y Rixa en 1979, también adoptó una niña, dejando un total de dieciocho hijos y nueve nietos. Seis hijos de la Profesora Marta, dos hijos de la Doctora Norma y un hijo de Gloria Marina.

Una vez asistió a una reunión en La Ceiba, donde se encontraba el entonces Embajador de los Estados Unidos de Norteamérica, el señor John Dimitri Negroponte, a quien el Dr. Lacayo le hizo una pregunta, el diplomático antes de contestar comentó "esa es una pregunta filosófica", desafortunadamente no recuerdo cual era la pregunta y cual fue la respuesta.

Escribió muchísimos artículos tanto para las emisoras locales, como para los distintos periódicos y revistas que circulaban en el país, y si se le agregan los discursos pronunciados en diferentes reuniones al recopilarlos, se podría obtener un libro con un volumen considerado.

Como un buen amante de la música, y para no olvidar aquellos años de lucha por alcanzar una carrera, en los que hacia de la ejecución del saxofón su modus vivendi; cuando visitaba el pueblo de Limón, especialmente para las fiestas de fin de año asistía a las fiestas y tocaba dos o tres piezas. El 31 de diciembre de 1984, tocó a dúo con su hijo Lenín Ernesto tres piezas en la fiesta de Limón, y como si supiera que era la última vez que tocaba antes de retirarse de este mundo hacia lo desconocido para nosotros que aún estamos en el; tocó la canción titulada La Golondrina, que es muy usada como tema de despedida.

Los últimos cargos que desempeñó fueron el de Secretario de Organización del M-LIDER (Movimiento Liberal Democrático Revolucionario) y miembro de una comisión mediadora para la unificación de la Organización Fraternal Negra de Honduras (OFRANEH).

Quizás por tratarse de una persona tan activa, el Dr. Lacayo con frecuencia comentaba que a él no le gustaría estar en una cama enfermo y pendiente de que le hagan todo, que a él le gustaría morir caminando o sea sin permanecer mucho tiempo en cama, realmente ese deseo se le concedió, porque el 22 de marzo de 1985, después de trabajar todo el día falleció a las 7:00 pm, mientras visitaba algunos pacientes a domicilio.

En el momento que expiró los que lograron estar a su lado y trasladarlo al Hospital fueron su hermana Trinidad Lacayo de Dolmo, su esposo Sixto Dolmo y la señora Olivia vda. de Güity con una de sus sobrinas. Ni su esposa, ni sus hijos tuvieron la oportunidad de escuchar sus últimas palabras.

El feretro donde reposaba el cuerpo del Dr. Lacayo, saliendo de La Iglesia San Isidro de La Ceiba, el 23 de Marzo de 1985, entre los que lo cargaban esta su hermano Lic. Antonio Lacayo(Q.E.P.D.) y Su primo Lic. Ladislao Molina Lacayo.(Q.E.P.D.)

CAPITULO XII

Homenajes Póstumos en Memoria del Doctor Alfonso Lacayo Sánchez

UNA DE LAS MANIFESTACIONES DE AFECTO DEL PUEBLO hondureño al Dr. Lacayo, fue en el momento de su entierro, asistieron infinidad de personas, una fila de carros, buses y personas a pie, acompañaban el cortejo fúnebre, el cual más que entierro, parecía una manifestación pública, como aquellas que el solía dirigir en Tegucigalpa en sus años estudiantiles. La misma noche en que murió es decir el 22 de marzo de 1985, algunas emisoras locales como Radio El Patio y Radio Ceiba, sacaron al aire muchas de sus participaciones, Como entrevistas y discursos que ellos conservaban de él, incluso le propusieron al público darles copia de los mismos solo tenían que llevarles un cassete vacío.

L a familia doliente recibió infinidad de acuerdos de duelo tanto de personas particulares como de organizaciones en el caso de OFRANEH, se recibió un acuerdo de duelo de cada seccional de las diferentes comunidades Garífunas y en la capital fue publicado un artículo que el Doctor Lacayo escribió en 1983 titulado "Ejemplo de Dignidad para Gobernantes de Paises Atrazados" en el Boletín Informativo No. 2 de GARAWON GARÍFUNA, (TAMBOR GARÍFUNA) dirigido por el Licenciado Salvador Suazo y César Bennedit.

Su buen amigo el doctor Camilo Cruz Alvarado, escribió un artículo que fue publicado en el periódico El Ceibeño titulado "EL DR. ALFONSO LACAYO SÁNCHEZ" en el hace resaltar sus virtudes como ciudadano digno, honesto, humilde y con un alto espíritu de entrega a los demás, calificándole de "misántropo de los pobres y pañal de dolor de los mismos . . . aquel que cubrió con su sapiencia a los que urgían del auxilio de su ciencia."

La señora Francisca Bonilla de Muñoz se sintió inspirada a escribirle un poema que publicó en el diario antes mencionado, cuya letra dice:

HA MUERTO EL DOCTOR ALFONSO LACAYO

La Ceiba llora . . .
con un llanto que duele, que toca
el corazón y el cerebro.
Se llora con el suspiro
se llora con la queja
y también con el silencio
se llora.

Lloran los pueblos cuando
pierden hombres de pies
y de cerebros calculados

Ayer caminaba con los suyos,
y los suyos siempre fueron
los negros y los blancos
esos supieron de su sangre
de mármol, esos palparon
una mano de hombre de padre
y de amigo.

Pero hay que partir
la ciencia no se detiene
la muerte y a veces llega
con la rapidez del rayo

La Ceiba lamenta su partida
la sociedad se siente interrumpida,
porque ha muerto
el Doctor Alfonso Lacayo.

Francisca Bonilla de Muñoz

La Ceiba, 24 de marzo de 1985.

Los diferentes periódicos, en los cuales, él publicó varios artículos, como Diario El Tiempo, Diario La Tribuna, etc. manifestaron en páginas notas de duelo, por la desaparición física del doctor Alfonso Lacayo.

En abril de 1985 el Ingeniero Norberto Torres R. publicó un artículo en el Periódico El Ceibeño en memoria del Dr. Lacayo donde dice:

> " . . . Cuando logramos ingresar a la Universidad, tuvimos la oportunidad de alternar en varias ocasiones con Alfonso, entonces tocamos su pensamiento. Era un pensamiento sólido y consistente, nunca cambió, siempre fue el mismo, hombre luchador, analítico y sobretodo humilde, como médico se dedicó a mitigar el dolor de sus conciudanos, fue un verdadero apóstol de Hipócrates, sus pacientes lo han llorado y lo recordaran para siempre"

El Movimiento Liberal M-LÍDER, instaló una oficina en La Ceiba con el nombre del Doctor Alfonso Lacayo.

En Noviembre de 1987, el licenciado Tulio Mariano González publicó un artículo titulado "UN BUSTO EN HONOR AL DOCTOR ALFONSO LACAYO" el cual entre otras frases dice lo siguiente:

> "El doctor Lacayo, fue obrero en los campos bananeros, realizó diferentes trabajos marginales en Tegucigalpa, pero también con su entusiasmo participó en la construcción de Escuelas en el Departamento de Colón y fue el primer médico Garífuna, incansable luchador por las nobles causas y estandarte de las resistencias cívicas en Honduras . . . Por eso, proponemos firmemente a quien corresponde, a los activistas, a todos para que se erija un busto al Dr. Alfonso Lacayo Sánchez . . ."

Fue así como diez años después, el 11 de Marzo de 1997 al Conmemorarse los doscientos años de presencia Garífuna en Honduras, las Organizaciones ODECO Y ONECA así como La Coordinadora Nacional de Organizaciones Negras de Honduras CNONH presididas estas Organizaciones por el Licenciado Celeo Alvarez Casildo siendo Presidente de la República el Dr. Carlos Roberto Reina (QDDG), el Ministro de Cultura y Turismo el Doctor Rodolfo Pastor Fasquelle, el Ministro del FHIS, el Licenciado

Manuel Zelaya Rosales y la Alcaldesa de La Ceiba la señora Margie Dip, en el boulevard 15 de Septiembre de La Ceiba, erigieron el Busto en honor al Dr. Alfonso Lacayo Sánchez, ante una inmensa multitud de conciudadanos y extranjeros, entre los que figuraban el Primer Ministro de San Vicente (YUREMEI), Mr. James Mitchell, el Licenciado Jorge Arturo Reyna, la Doctora Justa Lacayo de García, quien leyó la biografía de su hermano y finalmente fueron invitados a participar dos hijos del Dr. Lacayo, el Dr. Mauner Lacayo y la Profesora Gloria Lacayo.

En la parte inferior del busto hay una placa con su nombre, lugar y fecha de nacimiento, el nombre de las organizaciones y autoridades que hicieron posible ese tributo y el pensamiento del Dr. Alfonso Lacayo que dice:

"NO EXISTE CULTURA NEGRA Y BLANCA, LO QUE EXISTEN SON HOMBRES DE DIFERENTES GRADOS DE PIGMENTACIÓN CON SUS PROPIOS PENSAMIENTOS, LA CULTURA ES PATRIMONIO DE LA HUMANIDAD".

La Federación de Estudiantes Universitarios de Honduras (F.E.U.H.) también le rindió homenaje, por haber sido un activista incansable en sus años estudiantiles y co-fundador del Frente de Reforma Universitaria (originalmente se llamaba Frente de Acción Universitaria). Guillermo Gómez refiere que al participar una vez en un retiro o encuentro de jóvenes del Instituto Salesiano San Miguel, uno de los instructores hizo mención del Dr. Alfonso Lacayo Sánchez, como un ejemplo para los jóvenes, por su espíritu de lucha, perseverancia y su incansable apoyo a las causas nobles.

En enero del año 2000 el Presidente de O.D.E.C.O. el licenciado Celio Álvarez Casildo, junto con los otros miembros directivos de dicha organización y las autoridades Municipales de La Ceiba, Inauguran una Clínica Popular con el nombre del Doctor Alfonso Lacayo Sánchez, la cual funciona en el Centro Cultural Satuye el Doctor Mauner Lacayo Fonseca, hijo del homenajeado, hizo el corte de la cinta en dicho acto.

En San Pedro Sula, se construyó un proyecto de vivienda para personas de escasos recursos que lleva su nombre "COLONIA DOCTOR ALFONSO LACAYO SÁNCHEZ" esa colonia fue fundada por iniciativa de los ciudadanos Garífunas: Gil Meléndez, Vidal Álvarez, Rene y Luís Norales, Martín Bonilla, Héctor Blanco, Fidencio Sabio López, Martín López y Julián Palacios, quienes vivían en cuartearías y en condiciones no muy apropiadas para sus hijos, por lo cual visitaron la municipalidad de esa ciudad y hablaron con el Licenciado Julio Reyes Caballero, encargado de Recursos Humanos y Tierras quién les ofreció buscarles un terreno, pero les pidió como condición que formaran una directiva, después de varias visitas y de tanto insistir por su propósito, les informó que ya tenia el predio, pero que escogieran el nombre de algún líder para que así se llamara la colonia

Todos ellos decidieron que seria el Doctor Alfonso Lacayo Sánchez y es por eso que esa colonia lleva su nombre. La información anterior me la proporcionó el señor Fidencio Sabio López, en una visita que hicimos con el Dr. Mauner y su esposa, para visitar a los residentes de dicha colonia.

Pero tiene también un sobrenombre, le llaman Sambunango, para saber el porque algunas personas le llaman SAMBUNANGO a la colonia antes mencionada, entreviste a la señora Alicia Ruiz Rivas (Q.E.P.D.) quien unos pocos meses antes de su muerte, me manifestó que en algunos sectores bajos y pantanosos del terreno, abundaban el tipo de tortugas llamadas sambunango y que los pobladores con frecuencia iban a sacar tortugas de ese lugar para su alimentación y decían en nuestra lengua nativa EL GARIFUNA "keimon eiyaha wari sambunangu" que traducido al español es vamos a buscar nuestra carne de sambunango de allí surgió ese sobrenombre.

En noviembre de 2000 ODECO, celebró una Cumbre de Organizaciones Afrodescendientes con sede en La Ceiba, el Licenciado Celeo Alvarez Casildo, hizo un homenaje con todos los presentes frente al busto erigido en memoria del Dr. Lacayo.

La organización antes mencionada,(ODECO) celebró en el Hotel Honduras Maya de Tegucigalpa la II Asamblea Nacional Afrohondureña con el nombre del Dr. Alfonso Lacayo, el 26 de Mayo del 2005. El objetivo primordial de la Asamblea era presentar una serie de propuestas, basadas en las diferentes necesidades y problemas que enfrentan las comunidades Garífunas, a los candidatos presidenciales de los distintos partidos políticos, y a la vez, pedirles que firmaran un Compromiso de Campaña redactado por la Asamblea.

En Limón hay una biblioteca comunitaria con el nombre del Dr. Alfonso Lacayo, también en Cayos Cochinos y en Iriona hay escuelas que llevan el nombre del luchador incansable, el médico abnegado y recordado activista DOCTOR ALFONSO LACAYO SÁNCHEZ.

Con profundo agradecimiento a las personas que colaboraron conmigo proporcionandome Información, fotografía y apollo moral para poder concluir esta obra, y para los que han fallecido, mi respeto a su memoria.

El Dr. Alfonso Lacayo Sánchez.(Q.D.D.G.)
German Ventura
Isabel de Lacayo
Thomas A. Lacayo(alias Mariano) (Q.D.D.G.)
Rixa Matilde Lacayo.
Pierre Beaucage y su esposa Elena
Natividad Garcia (Q.D.D.G.)
Magdalena Lacayo Sosa (Q.D.D.G.)
Cantalicia Barrios (Q.D.D.G.)
Guadalupe Barrios (Q.D.D.G.)
Felix Lacayo
Teofilo Lacayo Ramos
Siriaco Sánchez Caballero(Q.D.D.G.)
Casilda Sambulá Pastor
Simeon Castro Rivas(Q.D.D.G.)
Trinidad Lacayo Dolmo
Felicia Lacayo Oliva
Victor Molina Lacayo
Rogelia Guity Castro
Lorenza Bernárdez (Q.D.D.G.)
Melida Ventura
Otilio Gomez(Q.D.D.G.)
Alfonso Lacayo Avila
Maria Luisa Sánchez
Rodolfo Rosales Abella
Eva Cerrato de Agilar Paz
Simón Reyes(Q.D.D.G.)
Pablo Lacayo
Pedro Sambulá
Justa Lacayo Garcia

Sixto Valentin(Q.D.D.G.)
Juliana Lacayo(Q.D.D.G.)
Arnulfo Lacayo
Ambrosio Castro Rivas (Q.D.D.G.)
Nolly Manaiza
Enriqueta Lacayo Marin (Q.D.D.G.)
Eulogio Lacayo Suazo
Macaria Lacayo de Bermudez

NOTA ACLARATORIA

Para las personas que tuvieron la oportunidad de leer mi primer libro "Bosquejo de la vida del primer medico garifuna Dr. Alfonso Lacayo Sánchez, "Impreso en 1998 por AMANDLA COPIES de Makalani Ray Vance,Publicado por PROMETRA GARIFUNA Inc., quiero aclararles que "Desafiando La Ignorancia" es una ampliacion del mismo casi la misma historia, pero con mas detalles y algunas correcciones.

La autora